Raul Niemann (Hg.)
Paulus – Rabbi, Apostel oder Ketzer?

Ein frecher Windmacher!
Friedrich Nietzsche

Der Schutzheilige des Denkens im Christentum.
Albert Schweitzer

Ein verbohrter römischer Rationalist.
George Bernard Shaw

...daß unter all den Hunderten von vorderasiatischen Wanderpredigern und Wundermännern ... gerade dieser Paulus mit seinem Sehen und Hören, wenn nicht alle, so doch die beträchtlichsten Dinge ins Rollen gebracht haben muß.
Karl Barth

Der größte Umstürzler aller Zeiten.
Schalom Ben-Chorin

Paulus hat eine androzentrische Perspektive.
Luise Schottroff

Paulus und Barnabas waren gebildet genug, um antizipieren zu können: Man würde in ihnen im Lande herumvagabundierende Philosophen sehen.
Gerd Theissen

Paulus, *nicht Jesus, war der Stifter des Christentums als einer neuen Religion.*
Hyam Maccoby

Raul Niemann (Hrsg.)

PAULUS – Rabbi, Apostel oder Ketzer?

KREUZ VERLAG

Die Deutsche Bibliothek – CIP-Einheitsaufnahme

Paulus – Rabbi, Apostel oder Ketzer? / Raul Niemann (Hg.). –
Stuttgart : Kreuz-Verl., 1994
ISBN 3-7831-1302-4
NE: Niemann, Raul [Hrsg.]

1 2 3 4 5 98 97 96 95 94

Postfach 80 06 69, 70506 Stuttgart
Tel.: 07 11 / 78 80 30
Umschlaggestaltung: Jürgen Reichert, Stuttgart
Umschlagbild: Ausschnitt aus El Greco,
»Die Heiligen Petrus und Paulus« (1590),
Staatliche Eremitage, St. Petersburg
Foto: Archiv für Kunst und Geschichte, Berlin
Satz: Buch-Werkstatt GmbH, Bad Aibling
Druck und Bindung: Clausen & Bosse, Leck
Printed in Germany
ISBN 3 7831 1302 4

Inhalt

PAULUS
oder
Wie man eine neue Weltreligion etabliert

Vorbemerkungen des Herausgebers

Ohne Zweifel ist Paulus, der seinerzeit unstet durch die antike Welt auf Eroberungsfeldzug reisende, temperamentvolle *Völkerapostel,* eine der denkwürdigsten und umstrittensten Gestalten in unserer europäischen Geschichte. Kein anderer Denker, Heiliger oder Ketzer hat ein derart großes Lager an Bewunderern und Verächtern an sich gezogen, sei es innerhalb der christlich-theologischen Lobby gläubiger wie kritischer »Pharisäer und Schriftgelehrten«, sei es in den profanen Zirkeln der Freidenker und Atheisten. Der Mann aus Tarsus hat unbestritten eine fulminante Wirkungsgeschichte ausgelöst und mit seinem konsequenten, leidenschaftlichen Religionsweg Geschichte, genauer: Weltgeschichte gemacht. Was hat dieser Mann nicht alles ins Rollen gebracht – und angerichtet!

Das steht fest: Ohne Paulus wäre die unscheinbare galiläische Jesusbewegung um die Zeitenwende eine unbeachtete, bald in Vergessenheit geratene jüdische Sekte geblieben. Ohne Paulus gäbe es weder das Neue Testament noch hätte sich das Christentum – wenn überhaupt! – im antiken Europa so rasant und umwälzend ausgebreitet und sich damit als triumphierende, den ganzen Globus beanspruchende Weltreligion etabliert. Ohne die berühmt-berüchtigte paulinische Theologie hätte die christliche Kirche und ihre Geschichte – wenn überhaupt! – völlig anders ausgesehen. Ohne Paulus hätte es das sogenannte »christliche Abendland« vermutlich nie gegeben.

Diese weltbewegende Gestalt wirft Fragen auf: *wer* sie wirklich war, *was* sie eigentlich wollte und *wie* wir heute mit ihr umgehen können, ja *ob* sie für uns überhaupt noch ein Thema ist. Wer war Paulus wirklich – der Mann, der als streng religiöser Rabbi von Tarsus mit seinem jüdischen Glauben unwiderruflich brach, sich einer kleinen Sekte anschloß und zur Gründerfigur einer neuen Weltreligion avancierte? Was geschah damals tatsächlich mit dem fanatischen Christenhasser Saulus vor den Toren von Damaskus, als er in einem ekstatisch-mystischen Erlebnis seine Berufungsvision erfuhr, die ihn »blendete« und total umkrempelte? Was hat Paulus an Jesus, den er selbst nicht kannte, so fasziniert und ergriffen, daß er bedingungslos alle, aber auch wirklich alle Brücken hinter sich abbrach und nur noch leidenschaftlich für diesen neuen Glauben mit allen Konsequenzen bis zum Märtyrertod lebte? Was hat er mit seiner Theologie gewollt, bewirkt und angerichtet? Wo hat er geirrt, wo recht behalten? Wie ist seine »weiche Theologie« in seinem *Hohenlied der Liebe (1.Kor 13)* zu vereinbaren mit seiner sonst üblichen kompromißlosen Entweder-Oder-Radikalität? Hatte dieser omnipotent wirkende, »starke Typ« auch schwache, verletzliche, ohnmächtige Seiten? Hatte Paulus tatsächlich ein gestörtes Verhältnis zu Frauen und überhaupt zur Sexualität? War er der erste urchristliche Verfechter des priesterlichen Zölibats? Warum hat Paulus dennoch so ein »protestantisches« Image und wirkt so gänzlich »unkatholisch«? Ja überhaupt: War er nun ein großer Denker und verhinderter Philosoph oder ein gerissener Scharlatan und verführerischer Demagoge? Ein jüdischer Ketzer oder Religionsstifter?

15 Autorinnen und Autoren gehen diesen vielen und verwirrenden Fragen nach: aus christlicher, jüdischer, islamischer und profaner Sicht. Sie versuchen, Mißverständnisse und Vorurteile zu klären, aber auch notwendige Korrekturen so mancher unglücklicher Denktradition und theologischen Gewohnheit vorzunehmen. Der Stil der Auseinandersetzung ist persönlich, eigenwillig und engagiert: mit Sachkompetenz und Phantasie, mit spitzer Feder und ironischem Unterton, apologetisch oder abfäl-

lig, abwägend oder abrechnend, vergangenheitsbewältigend oder zukunftsvisionär. Die literarische Darstellungsform der geschätzten Verfasser ist mannigfaltig. Da begegnet uns der sachinformative Aufsatz oder geistreiche Essay, der fiktive Brief oder die kurze Betrachtung, der innere Monolog oder die Reportage über eine Fernseh-Talkshow. Und dabei kommt Erstaunliches zutage, das den Leser nachdenklich macht, ihn verärgert oder ihn auch schmunzeln läßt. Auf jeden Fall, am Ende der Lektüre steht Paulus im Kopf des Lesers etwas anders da als vorher: etwas ramponierter und entmythologisierter, etwas deutlicher und klarer. Und vielleicht, so meine ich, ist ihm und seiner weltbewegenden Geschichte postum damit ein wenig Gerechtigkeit widerfahren, wie auch immer man das verstehen mag.

Raul Niemann

Susanne Krahe

Mut zum Anachronismus

Der Live-Auftritt

Der Beleuchter

Meine Aufgabe besteht darin, die Gäste ins rechte Licht zu rücken. Ich berechne den günstigsten Einfallswinkel für die Scheinwerfer, um die Kandidaten inmitten gebündelter Strahlen zu plazieren. In welcher Position reflektiert der beleuchtete Körper das Kunstlicht am besten? Das ist die Frage. Manchmal brauche ich Filter, um fettige Hautpartien abzublenden oder um aufdringliche Haarfarben zu dämpfen. So streue ich sanfte Lichtkörnchen auf die Gestalten: pastellfarbene, entschärfte Kolorationen vor einem matt ausgeleuchteten Hintergrund. Wie im Kosmetiksalon kommt es darauf an, den individuellen Typ der Gesprächspartner zu betonen. Jeder Gast spiegelt sich in seinem eigenen Glanz. Jeder wirft seinen persönlichen Schatten.

Den Herrn von Tarsus hatte ich mir fremdartiger und vernebelter vorgestellt, irgendwie zwielichtig, geheimnisumflackert und mit der Aura eines dem Monumentalfilm entsprungenen Lamettasterns. Wer dann aber auf die Bühne kletterte, war ein Typ von mäßiger Brillanz und glich nicht im mindesten dem antiken Osterei, das ich erwartet hatte. Erschienen war ein Herr im Straßenanzug, tadellos rasiert, und in seinem Seglergesicht glänzte das Messinggestell einer modischen Halbbrille. Der Mensch stellte mich nicht mit seiner Auffälligkeit, sondern mit seiner Unscheinbarkeit vor Probleme. Wohin ich ihn auch drehte und wendete, er blieb ständig unterbelichtet.

Wie ein Prellbock schleuderte der Mann das Licht von sich, entkam der Bloßstellung durch unsere Scheinwerfer, die sich hilflos an seinen kantigen Knochen schnitten. Mit besänftigenden Blenden oder einem augenfälligen Gegenlicht brauchte ich es gar nicht erst zu versuchen.

Durchschnittliche Leuchte. Mehr ließ sich aus dem Apostel nicht machen, jedenfalls mit meinen Mitteln nicht. Blieb nur zu hoffen, daß seine Gestalt in einer Mittelposition den Glanz der bunten Hemden seiner Nachbarn reflektieren und ebenfalls ein bißchen schillern würde. Ich schlug der Regie vor, ihn neben einen extravertierten, farbig gestylten Talker zu setzen.

Licht aus, whoa. Spot an, ja! Ich ließ zwei starke Strahler von links und rechts oben auf seinen Kopf richten. Die Scheinwerfer kreuzten sich auf seiner Stirn, und für einen Moment sah es so aus, als wollten sie dort eine Verwundung hinterlassen, ein Stigma einbrennen. Wer weiß. Vielleicht war das schon ein böses Omen.

Der Zuschauer

Man hätte ihn besser ausstaffieren müssen, auffälliger herausputzen. Quasi den Wind sichtbar machen, den der Alte sich seinerzeit um seine gekrümmte Nase hat pusten lassen. Das war ein Versäumnis der Maske und der Kameraführung. Sie hätten seine schwieligen Hände zeigen, den Apostel in Tunika, Jesussandalen und mit Wanderstab vorführen sollen. Dann hätte er von Anfang an mehr hergemacht. Nach all den Popstars, Literaturkritikern und Makrobioten: heute ein Gast aus der Geschichte! Das ist mal was Neues. Jemand, der aus der Distanz von Jahrtausenden in unsere Kameras lächelt und aus seinem bewegten Leben plaudert! Die Idee an sich war ja nicht schlecht.

Da hockte er nun zwischen den aufgemotzten Yuppies; bläßlich, bebrillt und in einem Jackett ohne Schulterpolster. Ziemlich jämmerlich wirkte er. Erster christlicher Theologe? So sah er nicht aus. Missionar Europas? So erst recht nicht. Er glich in Farbe und Form einem rechten Trauerkloß. Die seidenen Krawatten, herben Duftnoten und ausladenden Gesten der anderen Gäste wischten ihn glatt von der Bildfläche. Sein linker Nachbar erdreistete sich sogar, aus seinem Glas zu trinken und ihm auch noch zuzuprosten. Ein Versehen natürlich.

»Karrieren«. So lautete das Thema des Abends. Karrieren und Konkurrenz. Ein Stelldichein stolz geschwellter Brüste und angewinkelter Ellbogen, von denen einer dem Apostel in regelmäßigen Abständen im Gesicht hing. Alle außer dem historischen Besucher raschelten mit ihren Referenzen, zählten einander ihre Diplome vor.

Dabei hätte der Mann aus Tarsus doch gut mitreden und sich durchaus mit den Blitzaufsteigern messen können. Bürgerlicher Herkunft sind sie? Ich auch. Akademisch gebildet? Ich erst recht. Ehrgeizig, begabt und fleißig? Wer, wenn nicht der Apostel, war mit diesen Tugenden gesegnet? So hätte er mal auftrumpfen und den Oberarm seines unverschämten Nachbarn wegstoßen sollen. Ein bißchen mit der Bibel im Raum herumwedeln: Seht her, im Buch der Bücher habe ich publiziert! Seine enormen Fußmärsche auf einer Landkarte nachzeichnen. Tolle Hechte seid ihr? Ich auch. Ja, ich noch viel mehr. Keiner von euch latscht mir die Kilometer nach, die ich auf meinen Sohlen gewandert bin.

So hätte er sich verkaufen können. Hat er nicht. Aber er wollte das wohl auch nicht.

Der Nachbar

Die ganze Zeit über hatte er mich von schräg hinten angeatmet, und das war mir schon unangenehm genug gewesen. Aber als er sich dann in die Diskussion mischte, fiel sein Beitrag dermaßen daneben aus, daß mir vor Peinlichkeit die Cocktailkirsche zwischen den Zähnen wegrollte und auf meine Hosenbeine hüpfte.

Was erzählte der denn da für einen Quatsch. Nach seiner Laufbahn befragt, murmelte der Mann nur etwas von Todesnöten, von Gefahren, Gefahren auf See und auf dem Land und durch Räuber, und mehrmals sei er verprügelt, ja gefoltert und fast hingerichtet worden. Wer war schwach, und er, Paul aus Tarsus, war es nicht auch. Wo wurde ein Wagemutiger in seine Schranken verwiesen, und er, der Apostel, wäre den Kreuzweg nicht vorangegangen.

Ich bitte Sie. Gehört solch eine Litanei etwa in eine Talkshow? Gefahr, Todesnot und Schwäche. Kann man stolz darauf sein? Brüstet man sich der Pechsträhnen des Lebens? Sicher: Jeder, der es zu was bringen will, muß gewisse Widerstände überwinden. Das ist die Geschichte mit dem Zweck und den Mitteln, Sie wissen schon. Leider verriet unser antiker Kollege uns aber nicht den Zweck, sondern behängte sich mit seinen Mißgeschicken wie mit Trophäen. Diese Koketterie brachte ihm lauter betretene Gesichter, vereinzeltes Hüsteln und das Kopfschütteln der Moderatorin ein. Die winkte erst einmal ab. Und nun, meine Herrschaften, brauchen wir eine Verschnaufpause. Auftritt der Sängerin mit Schleifen im Haar.

Die Moderatorin

Und nun zu Ihnen, Herr von Tarsus. Darf ich Sie beim Vornamen nennen? Danke, Paul. Rücken Sie ruhig ein bißchen näher. Eine altmodische Krawatte tragen Sie da, buchstäblich kleinkariert, haha. Sorry, aber die steht Ihnen wirklich nicht. Nanu? Wer wird denn gleich rote Ohren bekommen? Wer wie Sie den Sprung durch die Zeiten wagt, muß schon ein paar Frechheiten verknusen können. Ihrerzeit waren Sie ja auch nicht gerade sparsam. Mit Kritik, meine ich, haha. Und wer so sexistische Anordnungen auf dem Gewissen hat wie Sie, tja, Paulchen – einem Macho wie Ihnen zupft man/frau heutzutage eben gern mal am Schlips oder sonstigen Accessoires. Was macht das mit Ihnen? Wie gehen Sie mit der feministischen Kritik um?

Sie haben recht, das gehört nicht zum Thema, und wenn frau unsachlich wird, schweige sie lieber vor der Gemeinde. Zur Sache also. Zur Sache, Paul, aber was ist das eigentlich, Ihre Sache? Wenn ich Sie so anschaue, Ihren gekrümmten Rücken, erinnern Sie mich an ein überdimensionales Fragezeichen.

Ach, hören Sie auf. Ihre Schwachheiten aus Not, Angst und Verfolgung kaufe ich Ihnen sowieso nicht ab, da können Sie noch so unterwürfig gucken. Wo Sie schwach sind, sind Sie stark? Erstens ist das absurd, zweitens übertreiben Sie. Was ein rechter Diener Christi ist, der setzt sich schon durch. Muskelspiel, Paul. Ellbogen. Gehörnte Beharrlichkeit. Sagen Sie bloß, die hätten Sie nicht gebraucht. Konkurrenzkampf, Apostel. Mit den anderen Aposteln Stirn an Stirn, Faust gegen Faust. Bestreiten Sie etwa, daß Sie in Wirklichkeit ein Kämpfer waren, ein Gewinnertyp?

Der Nachbar
Die Fragen unserer frechen kleinen Moderatorin flogen wie Geschosse an meinem Gesicht vorbei in den Schatten meines Hinterkopfes. Daß sie den altvorderen Kandidaten offenbar an seinem Tweed-Fell kratzten, merkte ich daran, daß er unruhig wurde. Rutschte und ranterte auf seinem Stuhl hin und her. Aber das war nicht die einzige Veränderung des coolen Typen. Von schräg hinten streifte plötzlich ein säuerlicher Geruch meinen Nasenrücken, eine leicht widerliche Ausdünstung aus Schweiß und ich weiß nicht was. Eine kranke, fiebrige Aura umschwebte den Herrn von Tarsus, und hätte ich mich nicht nach ihm umgedreht, wäre das betäubende Aroma mir wahrscheinlich in den Kopf gestiegen.

Er war schon aufgestanden. Sein Ärmel streifte meinen Oberarm. Mit den Gesten eines Karnevalsprinzen und einer ins Hysterische abgleitenden Stimme hielt er seine kurze, uns allen unverständliche Rede: Sie wollten ihn hier ja sowieso wohl zum Narren halten. Aber bitte sehr, bitte! Ganz wie dem Publikum beliebe. Wenn sie denn schon nichts anderes von ihm erwarteten, bitte schön und bitte gleich, dann könne er jetzt mal so richtig den Harry heraushängen lassen. Angeber seid ihr? Ich auch. Privilegierte? Ich erst recht, das kann ich euch flüstern. Auch ich habe einen Aufstieg hinter mir. Und was für einen.

Was er jetzt über seine heiseren Stimmbänder preßte, war wohl der Bericht über einen Traum, eine Vision, Halluzination oder ähnliches, irgendeine Form postmoderner Fata Morgana. Bis in den siebten Himmel sei er einst promoviert worden, befördert zum Zeugen der internen Beratungen der Engel. Na? Wer bietet mehr? Ganz oben war ich! schrie jetzt der Herr aus Tarsus. Höher geht es nimmer! Und seine Stimme war in die Tremoli der Hysterie gehüpft. Verrückt, dachte ich. Der ist ja übergeschnappt, und das vor der Kamera. Welch ein Auftritt: Klapsmühle live!

Der Kameramann
Ich bekam ihn erst in dem Moment scharf ins Bild, als er zu Boden stürzte. Mein Projektil folgte seinem Versinken und zeigte, was übrigblieb, in Großaufnahme. Die Zukkungen seines vom Übel angefallenen Leibes konzentrierten sich im Brennpunkt der Linse. Schaum vor den Lippen; cremefarbene, aufplatzende Bläschen. Der Bügel seiner Lesebrille hing quer über seiner Stirn und kreuzte sich dort mit der Falte, die die Verlängerung seines Nasenrückens bildete.

Sicher: Ich hätte noch dichter an den Kranken heranfahren, mit meiner Linse noch intimere Brocken aus diesem verzerrten Gesicht, diesem krampfenden Leib herausschneiden und der geifernd gaffenden Öffentlichkeit präsentieren können. Es gibt Kollegen, für die ist solch ein Fiasko das Salz in der Suppe von Unterhaltungssendungen. Ausflippende, besoffene, Weingläser von den Tischen stoßende Gäste. Tränenfluß in Zeitlupe, erweiterte Pupillen vergrößert und geschärft; Regungen, die außer Rand und Band geraten und unseren Kameras davonlaufen wollen. Es gibt Kollegen, die die Verlierer verfolgen, bis sie aus der untersten Ecke des Weitwinkels verschwinden, abgerutscht endlich von der Leinwand unverhohlener Neugier und Schadenfreude.

Aber wenn Sie mich fragen: Ein verantwortungsbewußter Kameramann muß wissen, wann er seine Objektive einklappen, wann er wegschwenken, das grausam interessante Detail seitlich über den Bildrand gleiten lassen muß. Es gibt Dinge, die gehören auf keinen Monitor, meine ich. Die sind weder dem, dem sie zustoßen, noch dem Publikum zumutbar. Deshalb habe ich den Abtransport des historischen Gastes nicht mehr aufgezeichnet. Den Stachel in seinem Fleisch haben alle gesehen. Die Eintrittsstelle des Splitters, die Wundränder sind nichts für das Publikum.

Der Sanitäter
Dreimal richtete der Patient sich auf, riß seinen Oberkörper in die Höhe, als wolle er von der Trage springen. Dreimal drückte ich ihn zurück. Während meine Hand sich auf seinen Brustkorb stemmte, pulsierte sein überdrehtes Herz mir panische Signale auf die Fingerkuppen. Ich kenne diese Symptome. Die Melodie der Anfallsleiden: Ich könnte sie mitsingen, könnte den Takt dazu schlagen. Unsere Fernsehstudios sind einfach zu heiß, zu stickig. Immer wieder fallen uns die Leute um, und gerade wenn sie schon älter sind, bekommen sie Probleme mit der Atemluft.

Wir rollten ihn zum Hinterausgang. Dort wartete der Krankenwagen. Ohne Blaulicht und ohne Sirene flog er davon.

Weddig Fricke

Der Apostel im Widerstreit der Meinungen

Paulus ist die zweifellos überragende Persönlichkeit unter den Autoren des Neuen Testaments. Obwohl er im historischen Schrifttum nirgendwo erwähnt wird, bestehen an seiner Historizität keine Zweifel. Zu seiner Hinterlassenschaft gehören nach offizieller Zählung dreizehn Briefe, von denen als echt zumindest die folgenden sieben gelten: der Römer-Brief, die beiden Korinther-Briefe, die Briefe an die Galater und Philipper, der 1. Thessalonicher-Brief und der Brief an Philemon. Die übrigen Paulus-Briefe stammen wahrscheinlich von Mitarbeitern des Apostels, die unter dem Namen des Paulus veröffentlicht haben, um ihren Briefen ein besonderes Gewicht zu verleihen.

Paulus wurde etwa im Jahre 10 nach der Zeitrechnung geboren. Zum Zeitpunkt der Hinrichtung Jesu war er also noch ein recht junger Mann. Er dürfte zu jener Zeit gerade Student in Jerusalem gewesen sein. Dennoch hat er Jesus nie persönlich kennengelernt, was übrigens einer der Beweise dafür ist, daß Jesus ein wenig bekannter Mann war und kein aufsehenerregender Prozeß mit seiner Hinrichtung verbunden werden kann. Der Lehrer des Paulus war der berühmte Rabbi Gamaliel (Apg 22,3), ein Ratsherr, der dem obersten jüdischen Gerichtshof angehörte (Apg 5,34) und der an dem Todesbeschluß gegen Jesus mitgewirkt haben müßte, wenn es eine Verurteilung Jesu durch ein jüdisches Gericht gegeben hätte.

Paulus entstammte, soweit dem Bericht der Apostelgeschichte (Apg 22,3) gefolgt werden darf, einer strenggläubigen jüdischen Familie aus der Stadt Tarsos in Kilikien, dem heutigen Anatolien. Er besaß das römische Bürgerrecht. Mit dem Begriffs- und Gedankengut der hellenistischen Philosophie und Religion war er bestens vertraut.

Tarsos rühmte sich, die griechischste Stadt Kleinasiens zu sein.

Paulus ist immer Diasporajude geblieben: *»Den Juden ein Jude, den Griechen ein Grieche.«*

Die griechische Welt war sein Missionsgebiet, dort hat er seine Erfolge erzielt, als »Apostel der Heiden«. Paulus war, wie Schalom Ben-Chorin es elegant definiert, »römischer Staatsbürger jüdischen Glaubens und hellenistischer Kultur«. Da er den auferstandenen Christus predigt, ist es erlaubt, ihn als »Christ« zu bezeichnen. Jesus hingegen war kein Christ; er war ein Ur- und Nur-Jude. Während Jesu »Jude-Sein« seit Paulus nur noch gewissermaßen beiläufig zum Ausdruck kommt und statt dessen der Eindruck vermittelt wird, Jesus habe sich in einer ständigen Auseinandersetzung mit dem Judentum, zumindest mit einer bestimmten Gruppe, den Pharisäern, befunden, kann mit Sicherheit angenommen werden, daß ihn die Urgemeinde noch ganz, ohne jeden Abstrich, als einen »Juden mit Leib und Seele« empfunden und geschildert hat.

Jüdischer Tradition entsprechend hatte Paulus zunächst ein Handwerk erlernt: das Handwerk des Zeltmachers (Sattlers). Auch Jesus soll bekanntlich ein Handwerk erlernt haben, und zwar das des Zimmermanns oder Tischlers. Während Jesus offenbar keine akademische Ausbildung erhalten, sondern als Autodidakt den pharisäischen Ehrentitel »Rabbi« erworben hat, erhielt Paulus eine theologisch-juristische Ausbildung und wurde so Pharisäer. Auf sein Pharisäertum hat er immer gern verwiesen, wenn es ihm nützlich erschien, so z. B. vor dem jüdischen Hohen Rat, wo er um das Jahr 60 wegen gesetzeswidrigen Verhaltens Rechenschaft ablegen sollte: *»Ihr Männer, liebe Brüder, ich bin ein Pharisäer, der Sohn von Pharisäern!«* (Apg 23,6)

In Wirklichkeit war dieser Hinweis nur formal richtig. Paulus hat zwar eine rabbinische Ausbildung genossen, sein Briefstil ist pharisäisch geprägt, doch stand er als

Hellenist und durch seine Hinwendung zu den Heiden in fundamentalem Gegensatz zu den Pharisäern.

Eine Tragik besonderer Art liegt darin, daß mit Paulus ein Prozeß einsetzt, der die Grundlage nicht nur des späteren kirchlichen Rigorismus, sondern auch eines krassen Antijudaismus bildet. Paulus prangert – ist es Ausdruck seiner zerrissenen Persönlichkeit? – seine eigene jüdische Abkunft an und bezeichnet das, was ihn zum rechtgläubigen Juden gemacht hat, als »Dreck« (Phil 3,8). Gegenüber seinen jüdischen Glaubensbrüdern, die nicht gleichzeitig der Jesussekte angehören, werden die Schmähungen des Apostels bisweilen so stark, daß sie in verhängnisvoller Weise »Endlösungs«-Gedanken anklingen lassen: *»Die haben auch den Herrn Jesus getötet und ihre eigenen Propheten und haben uns verfolgt und gefallen Gott nicht und sind allen Menschen zuwider ..., auf daß sie ihre Sünden erfüllen alle Wege; denn der Zorn ist schon über sie gekommen zum Ende hin.«* (1Thess 2,15–16)

Die paulinische These, daß die religiöse Autorität des »abtrünnigen Israel« die Propheten »immer« getötet und schließlich durch die Tötung des großen messianischen Propheten Jesus den Richterspruch über sich selbst herbeigeführt hat, beherrscht auch die Erzählung in den Evangelien. Ein Beispiel hierfür ist das bei allen Synoptikern angeführte Gleichnis von den bösen Winzern. Hier überläßt der Besitzer eines Weinbergs (Gott) seinen Weinberg (Israel) den Händen von Pächtern (den Juden). Der Weinbergbesitzer schickt dann von Zeit zu Zeit seine Diener (die Propheten), damit diese die Pacht einziehen. Doch die ungetreuen Pächter töten nacheinander alle ausgesandten Diener. Zuallerletzt sendet der Herr seinen einzigen Sohn zu den Pächtern, in der Annahme, daß diese sich an dem Sohn nicht vergreifen werden. Doch die Pächter töten auch den Sohn, weil sie meinen, auf die Weise falle der Weinberg in ihr Eigentum. Was aber wird nun der Herr des Weinbergs tun? Er wird kommen und die Weingärtner umbringen. Den Weinberg wird er anderen Pächtern geben, nämlich den Christen.

Das ist die Lehre des Paulus: Nur Christusgläubige sind die Kinder Abrahams, Isaaks und Jakobs, allein sie sind das »Israel Gottes«. Ihnen gehört jetzt die hebräische Bibel – um sie als Waffe gegen die Juden des Alten Bundes zu gebrauchen. Vom Glauben abgefallen sind nicht die Christen, sondern die Juden. Die jüdischen Lehrer sind Diebe, die durch die falsche Tür (falsche Exegese) in den Schafstall kommen. Das Volk des Sinaibundes ist durch Gottes Zorn zur Vernichtung bestimmt. Ein kleiner Rest des Volkes allerdings, nämlich diejenigen, die zum Christusglauben gekommen sind, kann gerettet werden. Deshalb (und nur insofern) hat Gott sein Volk nicht verworfen im Sinne von Römer 11,2.

Der neuerdings oft gemachte Hinweis, es handele sich hier um eine innerjüdische Auseinandersetzung, und schon deswegen könne von Antijudaismus keine Rede sein, überzeugt mich nicht. Es ist ein apologetisches Argument, das jetzt gern vorgebracht wird, nachdem es sich nicht mehr ziemt, eine antijudaistische Haltung zum Ausdruck zu bringen. Die Kirchenväter, Kirchenlehrer und Päpste, Theologen aller Schattierungen dachten da ganz anders. Ihnen war es eine Genugtuung, wenn sie sich in ihrem Antijudaismus auf die Schriften des Neuen Testaments berufen konnten.

Was Paulus anbelangt, bleibt es letzten Endes doch wieder unbegreiflich, wie ein Mensch so abfällig über die Juden schreiben kann, obwohl er sich andererseits noch ganz dem Verbund seines Volkes Israel zugehörig fühlt, er dieses Volk in der Allegorie des guten Ölbaums sieht, aus dessen Wurzeln die bekehrten Heiden Nahrung ziehen. Immerhin liegen uns aus der Feder des Paulus Sätze vor, die ganz im Geiste der Versöhnung geschrieben sind und überdies ein eindeutiges Bekenntnis zum Judentum darstellen: *»Ja, ich möchte selber verflucht und von Christus getrennt sein um meiner Brüder willen, die* *der Abstammung nach mit mir verbunden sind. Sie sind Israeliten.«* (Röm 9,3)

Mit Erleichterung möchte man es entgegennehmen, wenn die antisemitischen Ausfälle, namentlich die im Thessalonicher-Brief, sich als eine historische Fälschung erweisen sollten. Nicht auszuschließen ist immerhin, daß dem Apostel solcherlei beschämende Worte erst durch eine spätere »Überarbeitung« seiner Briefe von den zumeist judenfeindlichen Kirchenvätern in den Mund gelegt worden sind. Denn was als »katholisch« und was als »Häresie« galt, war von Anfang an umstritten und bildete den Gegenstand der innerkirchlichen Auseinandersetzung. Hunderte von rivalisierenden Lehrern behaupteten alle, die »wahre Lehre Christi« zu verkündigen, und beschuldigten die anderen als Betrüger. Die »echten« Christen nannten diejenigen Christen, die eine andere Meinung vertraten, »Gnostiker«. Der Streit der Christen untereinander wurde bei weitem heftiger ausgetragen als der mit den Heiden, denen gegenüber man sich, solange man noch keine Macht hatte, durchaus tolerant verhielt.

Schon die ersten paulinischen Gemeinden waren mit dem Problem konfrontiert, was man aus der Fülle der inzwischen entstandenen Schriften und ihren verschiedenen Fassungen als verbindlich ansehen kann und was nicht. Von Zeit zu Zeit mußten »Auslesen« getroffen bzw. »Bereinigungen« vorgenommen werden. Das erfolgte mehr oder weniger willkürlich. Der altchristliche Bischof Papias berichtet um das Jahr 140 von einer Zusammenkunft der Kirchenväter, bei der alle vorhandenen Texte unter einen Altar gelegt wurden. Da die echten von den unechten nicht mehr zu unterscheiden waren, beteten die Väter darum, die echten Bücher möchten sich erheben und sich von selbst auf den Altar legen. Dies ist, wie Papias berichtet, dann auch geschehen. Nur hat er leider nicht verraten, welche Bücher es waren.

Einige Jahre nach Jesu Tod hatte Paulus sich dem neuen Glauben, dem Glauben der Jesusanhänger, angeschlossen.

Im Brief an die Galater (Gal 1,17–20) berichtet der Apostel, daß, nachdem er Jesusanhänger geworden war, er zunächst mehrmals zwischen Damaskus und Arabien und erst dann nach Jerusalem gereist sei, um dort Petrus zu treffen. In Jerusalem lernte er außerdem Jesu Bruder Jakobus kennen. Wann diese Begegnung mit den Männern der Urgemeinde stattgefunden hat, läßt sich allerdings nicht ausmachen. Jedenfalls war es ein ganz kurzes Treffen, woraus man wird schließen können, daß Paulus und Petrus einander von Anfang an nicht sonderlich mochten. Erst 14 Jahre später traf Paulus erneut mit Petrus zusammen (Gal 2,1–9). Ab dieser Begegnung haben die beiden sich endgültig getrennt. Paulus dokumentiert seine Abneigung gegen Petrus auch rein äußerlich darin, daß er sich weigert, den Namen »Petrus« zu verwenden; er nennt ihn immer nur – um ihn publizistisch nicht aufzuwerten – aramäisch »Kephas«. Der katholische Feiertag Peter und Paul entbehrt nicht einer gewissen Ironie.

Festzuhalten bleibt, daß schon in der Anfangszeit eine Spaltung innerhalb des Christentums eingesetzt hatte: Hebräer contra Hellenisten. Auf der einen Seite standen die streng gesetzestreuen Israeliten der Urgemeinde (angeführt von Jakobus und Petrus), auf der anderen Seite die griechisch sprechenden und der griechischen Kultur nahestehenden Diasporajuden (angeführt von Stephanus und sodann von Paulus). Paulus hatte sich, wie er in mehreren Briefen berichtet (z. B. Gal 1,13), zunächst an Verfolgungen beteiligt, welchen die Angehörigen der Jesussekte seitens der jüdischen Behörden in gewissem Umfang ausgesetzt waren. Die Steinigung des Stephanus vor den Toren Jerusalems soll der Apostelgeschichte zufolge (Apg 7,54ff.) ein Beispiel solcher Verfolgungen sein, an denen Paulus mitgewirkt hat – wobei aber durchaus fraglich ist, ob die Steinigung auf Anordnung der jüdischen Behörden erfolgte oder ob hier ganz einfach eine Ausschreitung des Mobs vorlag, deren Hintergrund niemand kennt.

Der Name »Paulus« ist das Cognomen, das er als römischer Bürger hatte. Sein eigentlicher – jüdischer – Name lautet »Saul« (auszusprechen: »Scha-ul«). Falsch ist die Annahme, der Apostel habe seinen jüdischen Namen abgelegt und sich nach seiner Bekehrung zum Christentum »Paulus« genannt. In Wirklichkeit hatte sich Paulus überhaupt nicht zum Christentum »bekehrt«, indem er etwa eine alte Religion abgelegt und eine neue angelegt hätte. Ein Namenswechsel infolge eines besonderen religiösen Ereignisses war nichts Ungewöhnliches. Zum Beispiel wurde der Fischer Simon in Petrus umbenannt, als er zum Jünger Jesu wurde, und in der katholischen Kirche ist es noch immer üblich, daß jemand einen anderen Namen bekommt, wenn er als Mönch oder Nonne in ein Kloster eingetreten oder wenn er zum Papst gewählt worden ist.

In seinen Berichten über Jesus beruft sich Paulus nicht etwa auf das Zeugnis der Jerusalemer Urapostel (die er bisweilen spöttisch »Überapostel« nennt), sondern auf eine unmittelbare Offenbarung durch den auferstandenen Christus: *»Ich habe es ja nicht von einem Menschen übernommen oder gelernt, sondern durch die Offenbarung Jesu Christi empfangen.«* (Gal 1,12)

Er, der gar kein Hehl daraus macht, den geschichtlichen Jesus nicht mit leiblichen Augen, sondern ausschließlich mit geistigem Auge, im Sinne einer Offenbarung Gottes (Gal 1,16), gesehen zu haben, spricht auch von der Begegnung mit dem Auferstandenen nur in einem ganz und gar übertragenen Sinn: Nachdem Christus auferstanden war »am dritten Tag nach der Schrift«, sei er wie folgt erschienen: *»Er erschien dem Kephas, dann den Zwölf. Danach erschien er mehr als fünfhundert Brüdern zugleich; die meisten von ihnen sind noch am Leben, einige sind entschlafen. Danach erschien er dem Jakobus, dann allen Aposteln. Als letztem von allen erschien er auch mir, dem Unerwarteten, der Mißgeburt.«* (1Kor 15,5–8)

Eine Behauptung, der auferstandene Jesus sei ihm leibhaftig begegnet, stellt Paulus selbst nirgendwo auf. Die einzigen Textstellen, an die man in dem Zusammenhang – vielleicht – denken könnte, befinden sich in der etwa 30 Jahre nach seinem Tod entstandenen Apostelgeschichte. Es handelt sich um das dreimal in jeweils unterschiedlicher Fassung geschilderte mystische Erlebnis bei Damaskus. Saul soll nach Damaskus im Zuge einer von der jüdischen Behörde angeordneten Christenverfolgung gekommen sein, und da habe ihn Jesus vom Himmel herab gefragt, warum er ihn verfolge, woraufhin Saul sich »bekehrt« und den Wunsch geäußert habe, in Jerusalem mit den Jesusanhängern zusammenzutreffen: *»Saulus aber wütete weiter mit Drohen und Morden gegen die Jünger des Herrn. Er ging zum Hohenpriester und bat ihn um Briefe an die Synagogen in Damaskus, um Anhänger der neuen Lehre, Männer und Frauen, wenn er sie dort fände, gebunden nach Jerusalem führen zu können. Als er aber auf dem Weg war und in die Nähe von Damaskus kam, umleuchtete ihn plötzlich ein Licht vom Himmel, und er fiel auf die Erde und hörte eine Stimme, die sagte zu ihm: Saul, Saul, was verfolgst du mich? Er aber fragte: Herr, wer bist du? Der Herr antwortete: Ich bin Jesus, den du verfolgst.«* (Apg 9,1–5)

Abgesehen davon, daß in der Apostelgeschichte nichts davon steht, daß Paulus den Auferstandenen gesehen habe, sondern lediglich von einer Stimme die Rede ist, die er gehört haben soll, hält der Bericht über eine Begegnung mit dem auferstandenen Jesus bei Damaskus einer historischen Prüfung auch aus mehreren anderen Gründen nicht stand. Zum einen ist es ausgeschlossen, daß Paulus im Auftrag des Synedriums nach Damaskus kam, um dort organisierte Jesusanhänger zu verfolgen, die er allesamt gefesselt vor das Jerusalemer Tribunal schleppen sollte. Organisierte Jesusanhänger gab es – jedenfalls in Form residierender Gemeinden – in jenen Jahren nur in Jerusalem, vielleicht noch in ein paar umliegenden Orten, allenfalls auch schon in Galiläa, bestimmt aber nicht im fernen Damaskus. Denn es war ja gerade Paulus, der für die Gemeindegründungen außerhalb Palästinas »zuständig« war. Zum anderen erscheint es äußerst fraglich, ob die Jurisdiktion der Jerusalemer Behörden bis nach Damaskus reichte – wobei noch hinzukommt, daß das Synedrium nur in Einzelfällen einschritt, bei denen sich der (jüdische) Täter durch besondere Agitation hervorgetan hatte. Insbesondere aber wäre ganz ungewöhnlich, daß, wenn Paulus ein solches Erlebnis gehabt hätte, ein Erlebnis, das an Dramatik schlechthin nicht zu überbieten wäre, er nicht selbst in einem seiner vielen Briefe davon berichtet hätte – zumal er eine ausgesprochene Neigung hat, seine persönlichen Erlebnisse den Gemeinden mitzuteilen. Er berichtet zwar (Gal 1,17), daß er in der fraglichen Zeit nach Damaskus gereist sei. Er erwähnt aber weder etwas von Christenverfolgungen noch von jenem Erlebnis, welches als sogenanntes »Damaskus-Erlebnis« zu einem Allgemeinbegriff geworden ist.

Eine Datierung, wonach Paulus den auferstandenen Jesus auf seinem zum Zwecke der Christenverfolgung unternommenen Ritt bei Damaskus gesehen habe, würde im übrigen dem Kontext der neutestamentlichen Berichterstattung zuwiderlaufen. Markus und Lukas berichten nämlich, Jesus habe sich nur an einem einzigen Tage (Ostersonntag) als Auferstandener gezeigt. Matthäus dehnt die Erscheinung auf die Dauer der Reise des Auferstandenen von Jerusalem nach Galiläa aus; Johannes gibt keine Dauer an. Der Apostelgeschichte zufolge sollen die Erscheinungen vierzig Tage angedauert haben. Der Ritt des Paulus nach Damaskus aber fand erst Jahre später statt.

Eine bestimmte Lehre, die von Jesus vertreten worden sei, spielt in der paulinischen Berichterstattung überhaupt keine Rolle. Nur bei der Beschreibung des Abendmahls, sonst nirgendwo in seinen Schriften, läßt Paulus den Nazarener einmal selbst zu Wort kommen. Der einfache Name Jesus wird von Paulus insgesamt 15mal gebraucht, der Titel »der Christus« dahingegen 378mal. Jesu

Leben interessiert ihn nicht, nur sein Tod. *»Auch wenn wir früher Christus nach menschlichen Maßstäben eingeschätzt haben, jetzt schätzen wir ihn nicht mehr so ein.«* (2Kor 5,16)

Paulus fragt nicht nach den Umständen, die zu Jesu gewaltsamem Tod geführt haben. Seine ganze Botschaft gilt dem »Gekreuzigten Christus«. Dieser Begriff ist es, der den Prozeß der kultischen Verklärung verdeutlicht. Er hat seinen Anfang bei Paulus und bildet von da ab die eigentliche Grundlage der Predigt: *»Denn ich hatte mich entschlossen, bei euch nichts zu wissen außer Jesus Christus, und zwar als den Gekreuzigten.«* (1Kor 2,2)

Paulus ist an einer Biographie Jesu noch weniger interessiert als die Evangelisten. Die Passionsgeschichte – das zentrale Geschehen in den Evangelien – bleibt unerwähnt! Paulus weiß zur Passion nicht mehr zu sagen als eine Belanglosigkeit, vorgetragen nicht einmal von ihm selbst, sondern durch einen seiner Schüler: *»Christus Jesus, der vor Pontius Pilatus das gute Bekenntnis abgelegt hat.«* (1Tim 6,13)

Die einzigen Fakten, die Paulus berichtet, sind die: Jesus war ein loyaler Jude (Gal 3,16); er wurde nicht von einer Jungfrau, sondern von einer normalen Frau geboren (Gal 4,4); er hatte mehrere Geschwister (Röm 8,19); er war allzeit Gott gehorsam (Phil 2,8); er hielt ein letztes Abendmahl, nach dem er verraten wurde (1Kor 11,23–24); er war Schmähungen ausgesetzt (Röm 15,3); er wurde gekreuzigt (Gal 2,19; 3,13).

Im Spiegel paulinischer Verkündigung würde sich der auf Golgatha gekreuzigte Jesus von Nazareth wohl kaum wiedererkennen: Der Zimmermannssohn aus Galiläa, der sein Volk Israel zur Versöhnung mit Gott aufgerufen hatte, soll nunmehr der Erlöser selbst sein, der Erlöser der ganzen Welt. Als »Lamm Gottes« nimmt Jesus die Schuld aller Menschen auf sich und ermöglicht so die Rechtfertigung vor dem letzten Gericht. Dabei war es doch Jesus, der von sich gesagt hatte, er sei gekommen, um das Gesetz zu erfüllen: *»Ihr sollt nicht wähnen, daß ich* *gekommen bin, das Gesetz oder die Propheten aufzulösen; ich bin nicht gekommen, aufzulösen, sondern zu erfüllen. Denn ich sage euch wahrlich: Bis daß Himmel und Erde zergehen, wird nicht zergehen der kleinste Buchstabe noch ein Tüttel vom Gesetz, bis daß es alles geschehe.«* (Mt 5,17–18) Nach Jesu Meinung (Mk 10,18) ist »niemand gut als Gott allein«. Jesus hat nicht versucht, eine neue Religion zu gründen, schon gar nicht hat er sich als Stifter einer weltumspannenden Religion verstanden; er fühlte sich gesandt *»nur zu den verlorenen Schafen des Hauses Israel«* (Mt 15,24). Er verbietet den Jüngern ausdrücklich, die Nichtjuden mit der Botschaft bekanntzumachen: *»Gehet nicht auf der Heiden Straße und zieht nicht in der Samariter Städte, sondern gehet hin zu den verlorenen Schafen aus dem Hause Israel.«* (Mt 10,5–6)

Paulus hat dies alles abgeändert. Nicht länger an die Juden, sondern an die Heiden wendet er sich mit seiner Botschaft. Aufgegeben ist auch die Vorstellung, daß Gott trotz seiner Unerreichbarkeit so nahe ist, um, wie es die Psalmen, die Propheten und Jesus lehrten, mit »Vater« oder gar mit »Abba« angeredet werden zu können. Der Zugang zu Gott, so lehrt Paulus, bedarf eines Mittlers: Christus Jesus.

Paulus ist es, der den am Kreuz gestorbenen Jesus von Nazareth in einer Weise umgedeutet hat, die in der Geschichte der Völker einmalig ist. Mit seiner Lehre hat Paulus den jüdischen und damit jesuanischen Monotheismus in seiner reinen Form verwässert. Unbeschadet der Tatsache, daß Martin Luther der Lehre des Paulus eine überragende Bedeutung zugemessen hat, wodurch Paulus in der evangelischen Kirche eine wohl noch größere Rolle spielt als in der katholischen, ist es der evangelische Theologe Heinz Zahrnt, der Paulus als den »Verderber des Evangeliums Jesu« bezeichnet. Und der Theologe Overbeck konstatiert: »Alle schönen Sachen des Christentums knüpfen sich an Jesus, alle unschönen an Paulus.«

Seit Paulus ist es gewissermaßen »offiziell« erlaubt, zur Verherrlichung Gottes und zur Verherrlichung von allem, dem die Kirche ihre Verkündigung widmet, »heilig zu lügen«. Paulus ist es einerlei, ob Christus in unlauterer oder lauterer Weise verkündigt wird (Phil 1,18). Obwohl er oft beteuert, die Wahrheit zu sagen (Röm 9,1; Gal 1,20), hebt er andererseits hervor, die Lüge sei ein durchaus legitimes Mittel, um den angestrebten Zweck zu erreichen: *»Wenn aber die Wahrheit Gottes sich durch meine Lüge als noch größer erweist und so Gott verherrlicht wird, warum werde ich dann als Sünder gerichtet?«* (Röm 3,7)

Der »fromme Betrug« ist in der zweitausendjährigen Kirchengeschichte zu einem fast schon liebenswürdigen, jedenfalls mit Schmunzeln auszusprechenden Begriff geworden. Ignatius von Loyola schrieb als Regel vor: »Damit wir in allen Stücken sichergehen, müssen wir immer festhalten: das, was unserem Auge weiß erscheint, sei schwarz, sobald die hierarchische Kirche so entscheidet.«

Nicht nur von den Uraposteln wurde Paulus heftig angegriffen. Von Anfang an war er die wohl umstrittenste Gestalt. Die Kirchenväter Papias, Justin und Tertullian lehnten ihn ab. Der Verfasser des Jakobusbriefes distanziert sich von ihm. Die Parole »Zurück zu Jesus – weg von Paulus!« hat bis in die Gegenwart nichts an Aktualität verloren.

Aber: Einer der angesehensten jüdischen Gelehrten – Franz Rosenzweig – schreibt: »Es war Paulus, der die hebräische Bibel bis auf die fernsten Inseln gebracht hat, ganz im Sinne des Propheten Jesaja.« Paulus, dem größten Theologen aller Zeiten, gebührt der Ruf, der eigentliche Gründer des Christentums zu sein. Ein Spitzel in römischen Diensten – so lautet die These im Bestseller »Verschlußsache Jesus« – war er jedenfalls nicht.

Peter Mertz

Der dreizehnte Apostel

Eine Polemik

Im Speisezimmer von Schloß Ahrenholz hingen elf Prunklöffel an der Wand, deren Griffe in Apostelfiguren endeten. Es waren elf – und meine Tante schwor, es seien immer elf gewesen. Für den unwürdigen Judas gab es keinen Löffel. Und Paulus? Der war kein echter Apostel – sagte meine Tante. Paulus ist Jesus nicht begegnet, ist mit ihm nicht durchs Heilige Land gezogen, hat nie erlebt, wie Jesus zu den Menschen sprach, wie er mit ihnen umging. Seine Informationen waren Spitzelberichte. Auch die Apostel, seit Jesu Taufe die engsten Mitarbeiter des Herrn, kannte er nicht. Alle Gleichnisse, alle Worte und Predigten des Herrn waren dem Paulus aus Tarsus in Kleinasien nur durch Erzählungen Dritter bekannt. Und nach dem Seitenwechsel von den Pharisäern zu den Christen ging Paulus nicht nach Jerusalem zu Petrus und den anderen Aposteln, sondern nach Arabien, denn er wußte genau, daß er selbst in der kleinen Christengemeinde nur dann etwas werden konnte, wenn er Erfolg hatte. Erst drei Jahre nach seiner Bekehrung traf er Petrus, erst vierzehn Jahre später auf dem Konzil von Jerusalem alle Apostel. Zu der Zeit, also im Jahre 49/50, war Paulus bereits der erfolgreichste Christenmissionar.

Paulus, ein ebenso brillanter Theologe wie Politiker, hatte eine geniale Idee – und die setzte er auf dem Konzil gegen Petrus durch: Sollte die Christengemeinde gemäß Jesu Auftrag »Gehet hin in alle Welt und lehret alle Völker!« zur Weltkirche werden, so mußte man vermeiden, daß die bekehrten Heiden gezwungen sind, zuerst durch das Tor der mosaischen Gesetze zu gehen. Und die Heiden – das war die Mehrheit, das war die Zukunft. Wenn es ihm gelang, das durchzusetzen, war er der »Apostel der Heiden«, dann war er nicht nur der dreizehnte Apostel, sondern ganz oben, gleich neben Petrus.

Diesen Fischer, diesen ungebildeten Mann aus der hintersten Provinz, muß Paulus gehaßt haben, denn er hatte etwas, was Paulus nicht hatte: die Legitimität des Amtes. Petrus war nicht nur – wie die anderen elf – direkt und vor Zeugen von Jesus zum Apostel berufen, der Herr hatte ihn auch zum Sprecher der Apostel eingesetzt. Paulus konnte sich nur auf eine Offenbarung stützen – und der konnte man glauben oder nicht. Es gab keine Zeugen. Aber Paulus hatte etwas, womit er selbst Petrus gegenübertreten konnte: Er hatte Erfolg, hatte Ideen, wohl auch eine Beredsamkeit, die andere mitriß. Wie wichtig Paulus für die Kirche wurde, zeigen Gebete der lateinischen Messe. Im *Confiteor*, im *Comunicantes* vor der heiligen Wandlung, im *Libera nos* – immer wird Petrus zusammen mit Paulus genannt. Am 29. Juni feiert die Kirche das Fest der heiligen Apostel Petrus und Paulus, in der Allerheiligenlitanei werden sie in einem Atemzug genannt: die Apostel Petrus und Paulus. Vom Dreizehnten zum Zweiten – das war der kirchliche Aufstieg des Paulus.

Den Rechtfertigungszwang wird Paulus sein Leben lang nicht los. Das war ein Stachel in seinem Fleisch. Paulus mußte sich mehr als alle anderen Apostel abrackern und abmühen, denn er wollte beweisen, daß er Apostel war. Er erkämpfte sich das Amt, das die anderen als Gnadengabe von Jesus erhalten hatten. Daher die penetrante bis peinliche Amtsbetonung in den Brief-Anfängen: »Paulus, durch Gottes Willen berufener Apostel Jesu Christi...« (1Kor) oder »Paulus, durch den Willen Gottes Apostel Jesu Christi...« (Eph) oder »Paulus, zum Apostel berufen, nicht von den Menschen, sondern durch Jesus Christus und durch Gott, der ihn von den Toten auferweckt hat...« (Gal). Daher die wiederholten Hinweise auf seine Leiden. Narben und Schrammen, erlitten im Dienst für den Herrn, trägt er wie Orden vor sich her. Daher die wiederholten Selbstanpreisungen:

»Haltet euch an mein Vorbild!« (1 Kor) oder »Ahmt auch ihr mich nach!« (Phil) und schließlich jener Satz: »Ich wünschte, alle Menschen wären wie ich!« (1 Kor). Das klingt alles wenig demütig und bescheiden. Paulus kannte seinen Wert sehr genau und handelte nach diesem Selbstbewußtsein.

Paulus braucht, um eine Gemeinde zu gründen, um sie leiten zu können, um sie auch dann zusammenzuhalten, wenn er auf einer seiner Missionsreisen ist, Autorität. Er muß geistliche Obrigkeit sein, und er weiß, daß er Autorität nur besitzt, wenn er die Legitimität eines Amtes hat. Und welches Amt hatte damals eine höhere Autorität, welches genoß ein größeres Ansehen als das Amt des Apostels, des Weggefährten Jesu Christi? Da Paulus kein direktes Mandat Christi nachweisen kann, muß er dauernd betonen, er habe seinen Auftrag direkt von Gott erhalten – bis zu jener tollkühnen Behauptung, Gott habe ihn bereits im Mutterleib auserwählt (Gal 1,15).

Und da sind seine Erfolge, die Gemeinden, die er in Griechenland und Kleinasien gegründet hat, die Idee von der Weltkirche. Petrus, der wohl kaum wirklich gewußt hat, um was es Paulus ging, stellt sich in Jerusalem auf seine Seite. Der Quereinsteiger siegt über den Kirchenvorsitzenden. Und Paulus genießt vor den Galatern diesen Sieg – selbstverständlich in aller christlichen Demut –, indem er auf die strikte Trennung der Ämter hinweist: Petrus ist zuständig für die Beschnittenen, er selbst, Paulus, hat den Auftrag, das Evangelium den Unbeschnittenen zu verkünden. Er beansprucht, nein: er nimmt seinen Platz neben Petrus ein, den er im übrigen einen Heuchler nennt. Auch das nicht gerade ein Zeichen von Demut und jener Unterordnung, die er von anderen – vor allem von Frauen und Sklaven – fordert.

Der lebenslange Zwang, sich die Legitimität seines Auftrags zu verschaffen, der Ehrgeiz, Apostel zu sein und vom dreizehnten, wenn schon nicht zum ersten, so doch zum zweiten aufzusteigen, hängt auch damit zusammen, was Paulus unter Obrigkeit versteht. Seine Idee von der Weltkirche kann er nur in die Wirklichkeit umsetzen, wenn er mit der Obrigkeit kollaboriert. Welt- und Staatskirche – das funktioniert immer nur mit der Obrigkeit, nie gegen sie. Nur in einem geordneten Staat kann die Kirche zu einem bestimmenden, gestaltenden, Gesetze formenden Machtfaktor werden. Dieser ausgezeichnete Theoretiker und glänzende Formalist fragt nicht nach der Berechtigung einer staatlichen Obrigkeit, fragt nicht, ob deren Gesetze gerecht oder auch nur zumutbar sind. Gott ist die Ordnung, und somit kommt alle Ordnung von Gott; und wenn die staatliche Obrigkeit die Ordnung garantiert, dann kann sie nur von Gott kommen, und das heißt, in Gottes Auftrag handeln, anordnen. Um die Ordnung zu garantieren, hat die staatliche Obrigkeit das Schwert, zu richten und hinzurichten. Wer sich gegen die von Gott so legitimierte Obrigkeit wendet, wer revoltiert, nein sagt, der verfällt dem Schwert. Von hier bis zum Kardinal Alfons Stickler, der 1993 der staatlichen Obrigkeit das Recht zuspricht, die Todesstrafe zu vollziehen, ist nur ein winziger Schritt. Der Kardinal weist ausdrücklich auf Paulus hin.

Paulus stellt die Pflicht für den Christen, sich ohne Wenn und Aber der staatlichen Obrigkeit unterzuordnen, ihr gehorsam zu sein, nicht ohne guten Grund so heraus. Seine Sätze gelten natürlich auch für die kirchliche Obrigkeit. Auch er verlangt als Apostel Gehorsam und Unterordnung von seinen Gemeindemitgliedern. Paulus hat ein durchaus autoritäres Amtsverständnis. Er ordnet an, befiehlt, erläßt kraft seines Amtes Vorschriften für das Verhalten der Gemeindemitglieder untereinander, für die Auswahl der Bischöfe, für Eheleute und Witwen, für Frauen, die in der Gemeinde zu schweigen haben, ehrbar sein und sich still »in aller Unterordnung belehren lassen« (1Tim) sollen, häuslich und gehorsam. Kein Schmuck, sondern gute Werke. Der Asket ist gegen Wein- und Fleischgenuß, verdammt Homosexualität, und gleich gilt ihm selbst das kleinste Abweichen von jenem vorgezeichneten Weg des Geistes als Unzucht. In aller Strenge benutzt er die Macht des Bindens und Lösens. So stößt er den Blutschänder aus der Gemeinschaft, nennt Ketzer und Andersdenkende »Hunde« und übergibt seine Widersacher dem Satan – und in diesem Fall spricht er wie Jahrhunderte später die Päpste in der ersten Person: »...die *ich* dem Satan übergeben habe, damit sie durch diese Strafe lernen, Gott nicht mehr zu lästern« (1Tim). Auch das klingt nicht gerade brüderlich, nicht gerade liebevoll für einen Mann, der so von Liebe schwärmen kann. Paulus war nicht nur der erste christliche Theologe – er war auch der erste Vertreter einer Amtskirche.

Gehorsam und Unterordnung sind daher für Paulus zwei zentrale Begriffe. Beide garantieren ihm die unveränderbare Festigkeit des Glaubensgebäudes, für das er wie »ein guter Baumeister den Grund gelegt« (1Kor) hat. Fast zweitausend Jahre später antwortet Kardinal Stickler auf die Frage, ob denn Gehorsam ein Teil des Glaubens sei: »Selbstverständlich. Christus ist gehorsam geworden bis zum Tod am Kreuz zu unserer Erlösung.« Und als der *profil*-Redakteur weiter fragt, wie denn Glaube und Gehorsam zusammenhängen: »Sicher ist, daß ohne Gehorsam vieles im Glauben unglaubwürdig wird.« Der Redakteur läßt nicht locker und fragt, ob denn ein ungehorsamer Katholik überhaupt in der Kirche einen Platz hätte. Der Kardinal darauf paulinisch klar: »Er gilt nicht als voll praktizierender Gläubiger.«

Wie raffiniert demütig-autoritär Paulus mit seinem Amt umgeht, zeigt auch sein Brief an Philemon: Eigentlich, meint der dreizehnte Apostel, könne er ihm ja von Amts wegen befehlen, was er zu tun habe, nämlich den entlaufenen Sklaven, den Paulus inzwischen getauft hat, als Bruder in Christo aufzunehmen, aber um der Liebe willen wolle er nur bitten. Wehe dem armen Philemon, wenn er die Bitte des Paulus nicht erfüllt hätte.

Diese »Bitte« wird von vielen, die emsig und mit großer Beredsamkeit das Bild des ersten Kirchenlehrers von allen Flecken weißwaschen wollen, als persönlicher Beitrag des Paulus zur Lösung des Sklavenproblems angeführt. Aber Paulus kümmerte sich um die Sklaven so wenig wie Papst Pius XII. um die Juden. Es ging hier um einen getauften Sklaven! Paulus wußte genau, daß er die Wirtschaftsgrundlage zerstören würde, wenn er sich für die Befreiung der Sklaven einsetzte. Eigentlich hätte er ja wenigstens den christlichen Sklavenhaltern empfehlen können, das Los derer, die am untersten Ende der Gesellschaftspyramide stehen, zu mildern. Aber Paulus war nur einmal in seinem Leben wirklich revolutionär – auf dem Kirchentag zu Jerusalem, und da ging es um ihn selbst, um seine Karriere als Apostel und Missionar der Heiden. Für die Sklaven hat er nur gute Ermahnungen: Gehorsam sollen sie den Herren gegenüber sein, zuverlässig und treu, »in allem gefällig, nicht widersprechen, nichts veruntreuen« (Tit). Keine Rede von einer Befreiungstheologie. Die Ordnung damals verlangte, daß ganz oben die Obrigkeit sitzt – der Kaiser, egal ob dieser Caligula oder Nero heißt – und ganz unten die Sklaven schuften. Paulus wollte gar nicht an dieser Ordnung rütteln. Und was mit Paulus begann, wird in der Kirche bis heute fortgesetzt. Seine Weichenstellung funktionierte perfekt. Die neue Moralenzyklika von Papst Johannes Paul II. ist ohne diesen paulinischen Begriff von Gehorsam gar nicht denkbar: »Das Lehramt der Hirten als höchste Stufe der Teilhabe an der Autorität Christi« bestimmt in Glaubens- und Morallehren bindend, was zu tun ist und was der Mensch lassen muß. Es gibt nur Gehorsam und Unterordnung.

Paulus mag ein ausgezeichneter Theologe gewesen sein, ein Systematiker und Gesetzesgeber, man mag seine Formulierungskunst in der Rechtfertigungslehre bewundern, man kann darüber streiten, ob diese Betonung des Menschen als Sündenwesen nicht schlichtweg unmenschlich zu nennen ist – aber in zwei existentiellen Punkten war Paulus verhängnisvoll, nicht nur für das Christentum, sondern für die ganze Menschheit: in bezug auf das Verhältnis der Kirche – und das heißt bei Paulus: des Menschen – zur Obrigkeit und zur Sexualität. Und beides hängt seit Paulus engstens zusammen, denn Paulus war ein ordentlicher Mann und duldete keine Unordnung.

Paulus sieht den Menschen nicht in seiner Totalität; er konstruiert eine Dualität aus Geist und Fleisch, die den Menschen spaltet, ihn zerreißt. Das Fleisch, also der biologisch-naturhafte Teil des Menschen mit seinen physischen Trieben und Bedürfnissen, steht in dauerndem Streit um die Herrschaft mit dem Geist, also dem Teil des Menschen, der auf Transzendenz angelegt ist, sich Gott zuneigt. Paulus formuliert ganz klar und ganz hart: »Denn die nach dem Fleische sind, trachten nach den Dingen des Fleisches, die aber nach dem Geiste sind, nach denen das Geistes. Denn das Trachten des Fleisches ist der Tod, das Trachten des Geistes aber Leben und Frieden. Das Trachten des Fleisches ist ja Feindschaft gegen Gott...« (Röm.) Wohlgemerkt – Paulus spricht nicht vom physischen Tod, dem alle Menschen unterworfen sind – sondern vom ewigen Tod, von jener absoluten Gottferne. Und gleich nennt er auch in einem Sündenkatalog die Verfehlungen des Fleisches gegen den Geist und damit gegen Gott: »Unzucht, Unsittlichkeit, ausschweifendes Leben, Götzendienst...« (Gal.) Paulus hat einen solchen Ekel vor der Sexualität, daß er sie in diesem Katalog gleich dreimal nennt. Unzucht ist als Sünde noch viel schlimmer als Götzendienst. Eine recht eigenartige Reihenfolge für einen Theologen.

Paulus geht in seiner Morallehre zunächst einmal von sich aus. Erster Grundsatz: »Ich wünschte, alle Menschen wären wie ich!« Zweiter Grundsatz: »Es ist gut für den Mann, keine Frau zu berühren!« Das Ideal des Paulus ist der ehelose, keusche und in jeder Hinsicht abstinente Mönch. Immer wieder preist er den Zölibat an und verwendet die gleichen Argumente, die von den Kirchenvätern jahrhundertelang wiederholt wurden, die gleichen, die auch heute noch gelten: »Der Unverheiratete sorgt sich um die Sache des Herrn, er will dem Herrn gefallen. Der Verheiratete sorgt sich um die Dinge der Welt, er will der Frau gefallen.« (1Kor)

Paulus war ein Asket. Nun – dagegen ist ja nichts einzuwenden, solange die Asketen nicht verlangen, daß alle Menschen oder doch zumindest die »geistigen« sich nach ihren strengen Moralvorschriften richten. Es darf doch gefragt werden, ob Askese, Abtötung der Triebe, Dominanz des Geistes über das Fleisch, nicht das Privatvergnügen einiger ist, die mit ihrer Sexualität nicht umgehen können, die Frauen nicht mögen, sie sogar hassen, die ihren Leib mit Abscheu betrachten und das Weib als Gefäß der Sünde. Es darf gefragt werden, ob Askese, so wie von Paulus angepriesen, nichts anderes ist als Flucht vor sich selbst und vor allem Angst vor der Frau.

Nun weiß auch der kluge Apostel Paulus, daß der Mensch Triebe hat, eben jenes aufsässige Fleisch. Und um Unordnung zu verhindern, gestattet er einen Kompromiß: die Ehe, allerdings muß sie monogam sein und unauflöslich. Die Formulierung, aus der der ganze Widerwille des Paulus herauszuhören ist, klingt köstlich weltfremd, wenn sie nicht so menschenverachtend wäre: »Wegen der Gefahr der Unzucht soll aber jeder seine Frau haben, und jede soll ihren Mann haben.« (1Kor) Kein Wort von Liebe, von Leidenschaft oder Lust am anderen. Diesem vorzüglichen Kirchenoberen und »Ordnungsmaniac« ging es um Triebregulierung. Ehe als Konzession an die Fleischesschwäche des Menschen. Ehe als Nicht-Sünde, zugelassen, aber eigentlich nicht gewünscht.

Nun wird beschwichtigend von denen, die das Bild des großen Kirchenlehrers von Flecken der Frauen- und Leibfeindlichkeit reinwaschen wollen, auf das Hohelied der Liebe hingewiesen, das Paulus in dem gleichen Korinther-Brief gesungen hat. Aber Paulus spricht von Agape –

nicht von Eros. Liebe ist für den Asketen etwas Geistiges, Gottesliebe ist etwas durchaus Mystisches. Eros dagegen gehört in den Bereich des Fleisches, ist »ein Ding der Welt«, etwas Unordentliches. Und damit ganz klar wird, wie wenig Paulus von Eros hält, schiebt er selbst den Eheleuten eine Verbotstafel ins Bett: »Das bedeutet, daß ihr die Unzucht meidet, daß jeder von euch lernt, mit seiner Frau in heiliger und achtungsvoller Weise zu verkehren, nicht in leidenschaftlicher Begierde wie die Heiden, die Gott nicht kennen.« (1Thess)

Vom »Kopftuch-Gebot«, über das sich so viele Europäer aufregen, weil sie es für typisch islamisch halten, bis zum Verbot zu lehren, von der abstrusen Schöpfungsinterpretation, die Frau stamme vom Manne ab, sei für den Mann geschaffen, bis zur Anordnung, sie habe sich in der Gemeinde und in der Familie gehorsam zu unterwerfen, denn sie sei nichts weiter als der »Abglanz des Mannes« – Paulus hat die Frau für die nächsten zweitausend Jahre in die Abhängigkeit der Ehe gesperrt, den Patriarchen unterworfen.

Und die Haltung der Kirche den Frauen gegenüber hat sich kaum verändert – mit allen Folgen für Frauen und Männer: Pillen- und Kondomverbot und Verbot von freien Liebesverhältnissen, Verbot von allem, was irgendwie nach Lust riecht, schmeckt, aussieht, sich anfühlt... Verbote und Vorschriften und Gebote, aber kein Wort von Liebe und Zärtlichkeit. Paulus muß eine manische Angst, einen neurotischen Ekel vor Frauen gehabt haben. Dies ist in seinem Fleisch der andere Stachel. Seine totale Unfähigkeit, sich eine Frau als Partnerin zu denken, als Gefährtin der Lust, sein Unvermögen, eine Frau zu lieben, wird ihm zur Tugend, zur Askese, die er als Vorbild den Gläubigen empfiehlt.

Paulus liebte Gott und noch mehr die Idee von Gott, die Ordnung und das Gesetz, das Amt und den Gehorsam der Gläubigen, die Kirche oder das, was er sich unter Kirche vorstellte. Den Menschen in seiner Menschlichkeit mit all seiner Lust, seiner Freude, seinem Lachen und Lieben, mit seiner ganzen Genußfähigkeit – den mochte er nicht. Und liebeleer, aber ordentlich, lustfeindlich, aber geistvoll sah denn auch die Kirche aus, deren Grund er mit durchschlagendem Erfolg aus Jesu Botschaft baute. Der dreizehnte Apostel war ein kalter Mann, ein armer Kirchenkarrierist.

Rudolf Meyendorf

Der Apostel auf der Couch

Paulus, mit den Augen eines Psychiaters betrachtet

Paulus aus der Sicht des Psychiaters? Wozu schickt sich der Seelenarzt an, wenn er den Völkerapostel und größten Lehrer der Christenheit mit seinen Augen, aus seiner Perspektive sieht? Der Arzt hält Ausschau nach Symptomen, nach Krankheitszeichen, worauf er sich einen Reim zu machen sucht, um zu einer Diagnose zu gelangen, also um Krankhaftes festzustellen und letztlich eine Krankheit zu diagnostizieren. Unwillkürlich scheue ich zurück. Pathographien haben es an sich, daß sie nicht nur nach Symptomen und diagnostischer Einordnung dieser Symptome in Krankheitsbilder suchen, sondern daß sie das Werk des Betreffenden, seine Leistung und Bedeutung für die Gesellschaft und Menschheitsgeschichte im Lichte psychiatrischer und psychopathologischer Kategorien zu sehen und zu verstehen suchen. Ich scheue zurück. Das Geheimnis dieses Menschen Paulus, der sich als Haushalter über Gottes Geheimnisse (1Kor 4,1) weiß und dessen Geheimnis sein Sein in Christus ist (Gal 2,20), der sich in Christus als eine neue Kreatur, eine neue Schöpfung weiß (2Kor 5,17) und der den Christen in Rom zu sagen weiß, daß Gott das Verborgene der Menschen durch Jesus Christus richten wird, und zwar, wie er selbstbewußt hinzufügt, »wie es mein Evangelium bezeugt« (Röm 2,16) – dieser Mensch will, wenn es darum geht, ihn *recht* zu verstehen, nur von der Sache her verstanden sein. Darin tritt er mir so überlegen, so souverän entgegen, daß die Symptomatik, die ich bei ihm feststelle, unbedeutend wird, auch da, wo sie mir ins Auge springt und wo Paulus selbst von ihr spricht und wo sie als psychologischer Komplex oder als konstitutionelles oder medizinisches Krankheitszeichen in Erscheinung tritt.

Paulus auf der Couch?! Paulus und seine Leistung aus seiner Krankheitssymptomatik besser verstehen lernen?! Wer bei diesem Gedanken und Versuch nicht den gesammelten Widerstand des Apostels spürt und wer nicht fühlt und weiß, daß er diesem Patienten in keiner Weise gewachsen ist, und zwar von Anfang an nicht, weil er, noch ehe er mit der Anamnese beginnen kann, am Selbstbewußtsein des Apostels, das mit seinem Selbstverständnis untrennbar verbunden ist, scheitert – der mag sich zwar unterfangen, ihn zu analysieren und zu diagnostizieren, der sollte aber auch wissen – was immer er auch zutage fördert –, daß er von der Sache des Paulus nichts und damit Paulus selbst nicht verstanden hat.

Man versteht Paulus immer noch am besten, wenn man ihn von seinem Selbstverständnis her versteht, aus dem allein heraus er analysiert und verstanden sein will – wenn er einem mit jenem einzigen paulinischen Selbstbewußtsein seine Visitenkarte überreicht: Paulus, ein durch den Willen Gottes von Mutterleib an Ausgesonderter und zum Apostel Jesu Christi Berufener, ein Knecht Jesu Christi und dessen (an Händen und Füßen gefesselter) Gefangener, der das von keinem Menschen empfangene und von keinem Menschen gelernte, sondern das ihm von Jesus Christus offenbarte Evangelium Gottes predigt und predigen muß, freiwillig oder gezwungen (1Kor 1,1; 2Kor 1,1; Gal 1,1; 1,5; Röm 1,1; Phil 1,1; Onesimus, 1Kor 9,16–17).

Es ist dieses Selbstverständnis und Selbstbewußtsein des Paulus, das alles in den Schatten stellt, was die Anamnese zutage fördert. Paulus, das ist nicht in erster Linie der judaistische, der hellenistische oder der in seiner Persönlichkeit widersprüchliche Paulus, nicht Paulus der Pharisäer und Konvertit, der Weltbürger oder Sektierer, der Revolutionär oder Mystiker, Paulus der Fanatiker oder Opportunist, der Gnostiker oder Libertinist, der Sexualfeind oder Masochist, und auch nicht Paulus der Kranke, ob Melancholiker oder Maniker, Epileptiker oder

Hysteriker, Neurastheniker und Sensitiver, oder Hyperthymer und Depressiver, Paulus der Augenleidende oder Rheumatiker, der (ekklesiogene) Neurotiker oder endogene oder exogene Psychotiker – das alles ist Paulus nicht, nicht einmal auch, wenn wir ihn sehen und messen an seinem Selbstverständnis und Selbstbewußtsein, an dem keiner vorbeikommt, der ihn analysieren und diagnostizieren will. Ehe man sich unterwindet, seine biographischen, sozialen, religiösen und kulturellen Wurzeln zu erforschen und über seine biologische und konstitutionelle Verfaßtheit Hypothesen aufzustellen, und ehe man auf Symptomsuche geht, um zu Diagnosen zu gelangen, stellt sich Paulus einem gleichsam in den Weg als der, wie er sich versteht und verstanden sein will, wobei alles das, was zur Erhellung seiner Persönlichkeit und Mission auch noch beitragen kann und will, völlig in den Hintergrund tritt, ja unwichtig, nebensächlich, unbedeutend wird. Holen wir es dennoch ans Licht, erlaubt es uns, Einsichten in das innere und äußere Leben des Paulus zu gewinnen, so muß das alles doch vor dem Selbstverständnis und Selbstbewußtsein dieses Mannes zurücktreten, und wenn es dann bedacht sein will, sich daran messen lassen. Das gilt auch für seine Krankheiten, für seine seelischen und körperlichen Leiden, ja für jedes einzelne Symptom.

In der Tat kommt keiner, der sich *ernsthaft* mit Paulus beschäftigt, daran vorbei, ihn predigen zu hören und sich damit auseinanderzusetzen, was Paulus zu sagen hat. So ist es allen ergangen, die sich nunmehr seit zweitausend Jahren mit ihm auseinanderzusetzen hatten: Paulus ist, in welches Licht man ihn auch immer stellt, um ihn besser verstehen und beurteilen zu können, immer nur recht im Licht des ihm auf dem Wege nach Damaskus erschienenen Jesus von Nazareth zu sehen und zu verstehen, und seine Sache, um die es ihm geht, die er vertritt (2Kor 5,20), die er treibt (1Kor 16,10), für die er steht und fällt (Röm 14,4) und für die er lebt und stirbt (Phil 1,20), ist dieser Jesus von Nazareth, den er aber nun nicht mehr länger »dem Fleisch nach« kennt, das heißt seiner irdischen Gestalt und Mission nach, sondern als den für ihn gestorbenen und auferstandenen Christus, den Herrn (2Kor 5,15–16).

Zur wahren Scheidung der Geister kommt es daher auch nie an der Person des Paulus, sondern an der Sache, für die er steht. Hier entscheidet sich auch, ob man Paulus versteht oder nicht versteht, ihn akzeptiert oder nicht akzeptiert, und ob man ihn, nicht zuletzt wegen seines starken Selbstbewußtseins, als einen unsympathischen Menschen mit selbstgerechten, fanatischen und querulatorischen Zügen empfindet, dem man eher aus dem Wege geht, oder ob man hinter dem selbstbewußten Paulus auch den um der Sache willen leidenden Paulus sieht, mit dem man sich mehr oder weniger identifiziert – identifizieren muß.

Sehe ich persönlich Paulus mit den Augen eines Psychiaters, so stehe ich vor einer doppelten Schwierigkeit: Nicht nur, daß ich mich als Arzt, der die Krankengeschichte des Paulus schreiben soll, dieser Aufgabe, diesem Patienten gegenüber nicht gewachsen fühle, ich stehe bei Paulus auch in Schuld. Das macht die Sache so schwierig. Ich verdanke diesem Lehrer und Seelsorger der Kirche so viel, daß es mir schwerfällt, ihn von seinen Symptomen und aus seiner Krankheit heraus einem Publikum näherbringen zu wollen. Fast möchte ich instinktiv die Schranke des Arztgeheimnisses vor ihm aufrichten, um ihn irgendwie zu schützen vor inquisitorischen, mißverstehenden oder auch nur neugierigen Augen, wenn mich nicht Paulus selbst, so wie ich ihn verstanden habe, dazu ermutigen würde, und zwar mit der Aufforderung, dies freimütig, mit *parrhesia*, zu tun. Paulus fürchtet den diagnostischen Blick des Psychiaters ebensowenig wie die unzähligen anderen Blicke, die ihn aus ihrer Sicht analysieren. Paulus weiß: Der Sache, um die es ihm geht, von der allein er, ob gesund oder krank, zu verstehen ist, tut das keinen Abbruch. Im Gegenteil, die Krankheit ist für Paulus nur ein weiterer Beweis für die Wahrheit und Echtheit der Sache, um die es ihm geht. Und wenn die ganze Biographie zu einer einzigen Pathographie wird, so ist das Paulus geradezu der Beweis und der Prüfstein dafür, daß es um seine Sache, das ihm anvertraute Evangelium, um so besser steht: *»Wir haben aber solchen Schatz in irdenen Gefäßen, auf daß die überschwengliche Kraft sei Gottes und nicht von uns«* (2Kor 4,7).

Wo, wenn nicht an seinen Symptomen, könnte ein besseres Beispiel dafür gegeben und ein besserer Beweis dafür angetreten werden? Der »Schatz in irdenen Gefäßen« bezieht sich nicht nur auf seine Leidensgemeinschaft mit Christus, die er um des Evangeliums willen auf sich nimmt, sondern durchaus auch auf die seelischen und körperlichen, durch Krankheiten bedingten Schwachheiten, Gebrechen, Behinderungen und Leiden, die das Verfallensein des »äußerlichen Menschen Paulus« zur Folge haben. So verstehe ich ihn auch, wenn er sagt: *»Darum werden wir nicht müde; sondern ob auch unser äußerlicher Mensch verfällt, so wird doch der innerliche von Tag zu Tag erneuert«* (2Kor 4,16). Ist der innerliche Mensch der Mensch in der Gemeinschaft in Christus, den Schwachheit und Krankheit nicht antasten können, so ist der Verfall des äußerlichen Menschen für Paulus geradezu ein Beweis dafür, denn wie anders könnte sich die Kraft Gottes beweisen? *Darum* werden wir nicht müde!

In seinem Brief an die Galater kommt er auf die Schwachheit seines Leibes zu sprechen. Aber *warum* und *wie* tut er das, wenn er sagt: *»...Ihr wisset doch, daß ich euch in Schwachheit des Leibes das Evangelium gepredigt habe das erste Mal. Und was euch anfocht an meinem Leib, das habt ihr nicht verachtet noch verschmäht, sondern wie einen*

Engel Gottes nahmet ihr mich auf, ja wie Christus Jesus« (Gal 4,12–14).*

Mitten im theologischen Traktat – einer Kampfschrift –, das, neben und schon vor dem Römerbrief, wie kein anderes darüber Aufschluß gibt, worum es Paulus in seiner Predigt geht, um die Freiheit des Evangeliums, was für die Galater Befreiung vom mosaischen Gesetz hieß, und um die Gerechtigkeit aus Glauben allein ohne die Werke des Gesetzes, bringt er seine körperlichen und seelischen Gebrechen zur Sprache und tut dies aus keinem anderen Grund, als die Galater, die in Gefahr standen, diese bereits gewonnene Freiheit wieder zu verlieren, daran zu erinnern, daß sie »sein Evangelium« wahrhaftig nicht ihm, dem kranken Manne, sondern dem, der ihn berufen hat, Christus, verdanken. Indem er sie auf die Schwachheit seines Leibes verweist, zeigt er ihnen beispielhaft, worauf es ankommt, worum es ihm geht.

Der sich des Evangeliums Christi nicht schämt (Röm 1,16), der schämt sich auch nicht, als der Zerbrechliche, Schwache, ja Kranke vor seinen Hörern und Lesern zu erscheinen. Er hat nichts an Symptomen zu verbergen, zu verleugnen oder zu verdrängen, ja mehr! Er hat dies nicht nur nicht nötig, sondern die Schwachheit seines Leibes ist ihm geradezu Beweis dafür, daß das Evangelium, das er in dieser Schwachheit verkündet, aus der Kraft Gottes geschieht.

Ganz ähnlich verfährt er da, wo er sich persönlich in Frage gestellt und sich genötigt sieht, sich zu rechtfertigen und zu verteidigen. Auf dem Höhepunkt seiner Auseinandersetzung mit den Korinthern, die sogar sein Apostelamt in Frage stellten, da er ja nicht zum Jüngerkreis Jesu gehört hatte, und die ihm seine Mängel nicht nachsa-

* Wörtlich heißt es: »...nicht verschmäht und [ihr habt nicht] vor mir ausgespieen« – als Zeichen des Abscheus zur Abwehr böser Geister, die als Verursacher von Krankheiten angesehen wurden.

hen, wie es die Galater taten, da wirft er als entscheidendes Argument nicht seine mystischen Erfahrungen, derer er sich wohl auch hätte rühmen können, auch nicht seine Berufung im Damaskus-Erlebnis, sondern seine Schwäche, seine große, bis heute unenträtselte Krankheit, seinen »Pfahl im Fleisch«, in die Waagschale und bekennt: *»Darum will ich mich am allerliebsten rühmen meiner Schwachheit, auf daß die Kraft Christi bei mir wohne«* (2Kor 12,9).

Daß der »Schatz in irdenen Gefäßen«, die »überschwengliche Erkenntnis Christi Jesu« (Phil. 1.9) nicht verdunkelt wird oder gar wieder verlorengeht – um dieses Ziel zu erreichen, die Galater zum Evangelium zurückzugewinnen, tut Paulus, bis zur Selbstdemütigung, alles. Er scheut sich nicht, wo es um die Sache geht, sich der Lächerlichkeit preiszugeben. In diesem Brief an die Galater lernen wir entscheidende Charakterzüge des Paulus in seiner Widersprüchlichkeit kennen. Zeigt er sich eingangs im Brief so selbstbewußt, daß er darüber berichtet, wie er als gleichberechtigter Apostel Petrus, dem Fels, »ins Angesicht widerstand« und ihn vor versammelter Gemeinde der Heuchelei bezichtigte (Gal 2,11–14), und faßt er seine Leser auf der einen Seite hart und scharf an, bezeichnet sie, als könne man über sie nur die Hände über dem Kopf zusammenschlagen, als »unverständige Galater«, die praktisch von Sinnen sind, und fragt sie, wer sie denn bezaubert hätte (Gal 3,1), so lernen wir ihn auf der anderen Seite als den fürsorglichen Vater kennen, der sie seine »lieben Kinder« nennt, um derentwillen er am liebsten seine Stimme verstellen möchte, um sie, sie umwerbend, wiederzugewinnen, die er nun »abermals mit Ängsten gebäre, bis daß Christus in euch Gestalt gewinne« (Gal 4,19–20).

Wörtlich heißt es: »Um die ich abermals Geburtswehen erleide«. Man vertiefe sich in das Bild: Paulus gebiert seine Gemeinden unter Geburtswehen. Er ist nicht nur Vater (1.Kor. 4.15), sondern auch Mutter seiner von ihm gegründeten Gemeinden. Er »zeugt« sie nicht nur – in Christus Jesus durch das Evangelium – (1Kor 4,15), sondern er gebiert sie auch. Im Elternbegriff (2Kor 12,14) bringt er seine Fürsorgepflicht für sie zum Ausdruck, ist Vater und Mutter in einem. Man muß sich dieses Bild in seiner ganzen symbolischen Schönheit vor Augen halten, man erkennt in ihm nicht nur den Anspruch des Apostels auf seine Gemeinden, sondern auch den Menschen Paulus in seiner Zartheit und Hingabefähigkeit. Er opfert sich wie eine Mutter, wie ein Vater, für seine Gemeinden. Ich stelle ihn mir vor, wie er wie eine Löwin, wie ein Löwe, für und um seine Gemeinden kämpft, die er sich nicht wieder von Feinden des Evangeliums, die den Rückfall ins mosaische Gesetz und den Abfall vom Kreuz Christi wollen (Gal 6,12–16; Phil 3,2–3), rauben läßt und die er auch nicht Gegnern mit unlauteren Motiven in der Mission überläßt (2Kor 2,17; 11,3–4).

Der »Narr um Christi willen« (1Kor 4,10) zeigt hier, wozu er als »Botschafter Christi« (2Kor 5,20) fähig und bereit ist, wenn es darum geht, die wankelmütigen Galater wieder auf den Weg der Wahrheit zurückzuführen, und zeigt damit, was ein Botschafter ist: einer, der die Sache, und nichts anderes als die Sache dessen vertritt, an dessen Stelle er steht, und wenn er sich dafür die Narrenkappe aufsetzen läßt und zu einem Schauspiel wird.

Nicht immer konnte Paulus so gelassen die Rollen tauschen. Er war verletzbar und konnte überreagieren, wenn er die Zumutung für zu stark hielt: Dann übertreibt er, findet aber treffende Bilder und Paradoxien des Ausdrucks, die seine Erregung und seine Verletzbarkeit erkennen lassen, wenn er z. B. den Korinthern an den Kopf wirft: *»Denn mich dünkt, Gott habe uns Apostel als die Allergeringsten dargestellt, wie dem Tode übergeben. Denn wir sind ein Schauspiel geworden der Welt und den Engeln und den Menschen. Wir sind Narren um Christi willen – ihr aber seid klug in Christus; wir schwach, ihr aber stark; ihr herrlich, wir aber verachtet … wir sind geworden wie der Abschaum der Welt, jedermanns Kehricht, bis heute«* (1Kor 4,9–10; 13).

Paulus reagiert gereizt und ironisch den überheblichen Korinthern gegenüber, bei denen einige anscheinend den Einflüsterungen seiner Gegner Gehör schenkten, die stichelten, starke und schwerwiegende Argumente könne er nur in seinen Briefen vorbringen, »aber wenn er selbst anwesend ist, ist er schwach, und seine Rede ohne Gewicht« (2Kor 10,10), das dem Bild eines äußerlich schwach auftretenden Paulus entspricht, der keine gute Figur abgibt und der durch Krankheitszeichen vielleicht auch abstoßend wirkte – ein Bild, das wir nach seinen eigenen Worten bereits aus dem Galaterbrief kennen (Gal 4,12–14); der sich in der Eloquenz seiner Rede nicht mit anderen Evangelisten messen konnte.

An welcher Krankheit/Krankheiten, an welchem Kranksein litt Paulus? Gibt es eine halbwegs sichere medizinische Diagnose? Der objektive Befund zu dieser Frage ist spärlich, auch wenn uns der leidende Paulus sichtbar vor Augen steht, und wenn es auch nicht an Aussagen bezüglich der Leiden, die der Apostel zu tragen hatte, fehlt. Die Fülle der Leiden des Apostels wird von ihm selbst vor allem in seinen zwei großen »Leidenskatalogen« aufgeführt, Leiden, die ihm in seinem Dienst am Evangelium widerfahren sind und die er auf sich nahm (2Kor 6,3–10; 11,16–33). Der letztere Leidenskatalog ist bezeichnenderweise ein wichtiger Teil und ein Höhepunkt der Narrenrede, und für Paulus ist er auch ein Stück Narretei – Torheit, sich seiner Leiden zu rühmen.

Paulus pflegte seine Leiden »Leiden Christi« zu nennen: »Denn gleich wie wir des Leidens Christi viel haben, so werden wir auch reichlich getröstet durch Christus« (2Kor 1,5) – »und tragen alle Zeit das Sterben Jesu an unserem Leibe, auf daß auch das Leben Jesu an unserem Leibe offenbar werde« (2Kor 4,10) – »… wenn anders wir mitleiden, auf daß wir auch mit zur Herrlichkeit erhoben werden« (Röm 8,17) – »Ich möchte ja ihn kennen und die Kraft der Auferstehung und die Gemeinschaft seiner Leiden und so seinem Tode gleichgestaltet werden, damit ich gelange zur Auferstehung von den Toten« (Phil 3,10); siehe auch sein »Ich sterbe täglich!« (1Kor 15,31).

Wenn es auch ein reines Verfolgungsleiden um des Kreuzes Christi willen für Paulus gab, so ist es doch nicht möglich und auch nicht zulässig, im einzelnen zwischen den Verfolgungsleiden und Krankheitsleiden zu unterscheiden. Kreuz Christi ist für Paulus beides, und für die erlittenen Narben, die ihm zugefügt wurden, nimmt er auch besondere Autorität für sich in Anspruch: »Hinfort mache mir niemand weiter Mühe; denn ich trage die Malzeichen Jesu an meinem Leibe« (Gal 6,17). Mit diesen Worten beendet Paulus den Galaterbrief. Apostelautorität und Leidensautorität sind für ihn eins.

An einem im medizinischen Sinne körperlichen und seelischen Leiden des Paulus besteht kein Zweifel. Es ist an eine durch Krankheit bedingte Behinderung zu denken, wenn Paulus von der Schwachheit seines Leibes spricht. Die Frage ist nur: Woran litt er? Die »Schwachheit des Leibes« und der »Pfahl im Fleisch« sind die einzigen Symptome bzw. Hinweise, die auf eine Krankheit oder Krankheiten des Paulus Rückschlüsse erlauben. Schwachheit oder Schwäche ist ein wichtiges Symptom für viele körperliche, aber auch seelische Erkrankungen, es ist Symptom, nicht die Krankheit selbst. Im Neuen Testament hat Schwäche (*astheneia* = Asthenie) zwei Bedeutungen: einmal die allgemeine Schwäche, das Gefühl des körperlichen und seelischen Nicht-mehr-Könnens und -Vermögens, auch im geistlichen Sinn, wenn Paulus z. B. sagt: »Der Geist hilft unserer Schwachheit auf« (Röm 8,26), nämlich unserer Schwachheit und unserem Schwachsein im Gebet, und zum anderen steht *astheneia* auch für eine bestimmte Krankheit selbst. Schwachheit der Augen bedeutet z. B. eine bestimmte Augenkrankheit, so wie die Schwachheit des Leibes, von der Paulus im Galaterbrief spricht, auf eine bestimmte körperliche Krankheit schließen läßt. Paulus gebrauchte den Begriff in der einen wie in der anderen Bedeutung.

Ich gehe davon aus, daß es sich bei der »Schwachheit des Leibes« und bei dem »Pfahl im Fleisch« jeweils um zwei verschiedene Krankheitsbilder handelt. Das erste gehörte sicher mit zu den äußeren Stigmata des Paulus, das nicht zu übersehen war. Paulus dankt es den Galatern, daß sie vor ihm, d. h. vor dieser Krankheit, nicht beschwörend ausgespuckt, sondern barmherzig darüber hinweggesehen haben. Ich wage keine Krankheit namhaft zu machen, worum es sich gehandelt haben könnte.

Im Zusammenhang mit seiner Schwachheit und des sich seiner Schwachheit Rühmens – und zwar Schwachheit hier im doppelten Sinn gemeint, als allgemeines Gefühl des Unvermögens und als Krankheit – wird auch der Pfahl im Fleisch von Paulus genannt (2Kor 11,30; 12,9–10). Hinreißen ließ sich Paulus jedoch nur, sein innerstes Stigma, das bislang sein Geheimnis war, den Korinthern in einer Art Geständnis im Zusammenhang mit seiner Narrenrede vom Rühmen mitzuteilen, wo es um die außerordentlichen Offenbarungserlebnisse ging, die ihm der Herr geschenkt hatte. Von diesem Pfahl im Fleisch sagt er ausdrücklich, daß er ihm gegeben war, daß er sich nicht der hohen Offenbarungen überhebe, und er kennzeichnet ihn als ein Leiden, das ihm der Satansengel zufügt. Aus dem Himmel der göttlichen Offenbarungen stürzt er ab in die Hölle des Satansengels, der ihn »mit Fäusten schlägt«.

Es führt zu nichts, an dieser Stelle in eine Differentialdiagnose einzutreten, um welches Krankheitsbild es sich hier handeln könnte, da es in jedem Fall eine reine Vermutung bliebe. Für mich ist ein bestimmtes krankhaftes Erleben in der schweren Depression, in dem der Betreffende bei erhaltener Vernunft einen Gefühlszustand erlebend reflektiert, vereinbar mit dem Bild des Satansengels, der Paulus mit Fäusten schlägt. Eine für Gesunde unvorstellbare und nicht nachvollziehbare, wörtlich: eine teuflische und dämonische Krankheit, schlimmer als jede körperliche Krankheit, wird auch heute noch die *Melancholie* von Betroffenen genannt. Paulus hatte dreimal zum Herrn gefleht, daß dieser Satansengel von ihm weiche, und erhielt die Antwort: »*Laß dir an meiner Gnade genügen; denn meine Kraft ist in den Schwachen mächtig.*« (2Kor 12,8–9) Man kann fast mit Sicherheit annehmen, daß Paulus nicht in dieser Weise zum Herrn gefleht hat, daß er eine allgemeine Schwäche oder auch Erschöpfungszustände und Leiden, die im Zusammenhang mit seinem Dienst unausweichlich waren und auftraten, auch nicht häufige allgemeine Krankheiten, die er sich dabei zuzog, von ihm nehme, sondern Paulus hatte hier dieses ganz bestimmte Krankheitsbild, das ihm ganz persönlich auferlegte Schicksal im Sinn, wenn er von seinem »Pfahl im Fleisch« sprach.

In der Begegnung mit Menschen aller Konfessionen ist es mir eine Hilfe, wenn ich ihnen sagen kann, daß Paulus wahrscheinlich auch an einer Depression gelitten hat. Dann wage ich zu vermuten, daß er »in der Tiefe der Zisterne«* auch angefochten wurde im Zentrum seines Selbstverständnisses und Selbstbewußtseins als Apostel, und sage es Menschen, die nicht mehr glauben und beten können, die von der Hölle sprechen, in der sie leben und für die das Wort Gnade keine Bedeutung mehr hat. Ihnen empfehle ich Paulus als Seelsorger und hoffe, daß sein Wort von der Gnade, die genügt, und von der Kraft, die in den Schwachen mächtig ist, die Hölle des Erlebens und Bewußtseins, von Gottes Gnade abgeschnitten zu sein, erreicht und auf eine Schicht der Person stößt, in der es gehört wird. Später, nach Abklingen der depressiven Phase, berichten die Betroffenen in der Regel dankbar darüber, daß ihnen auf dem Höhepunkt ihrer Krankheit, wo nichts mehr zu hoffen war, dennoch Hoffnung gemacht wurde.

Theologisch gesehen ist jeder depressive »Versündigungswahn«, in dem der Kranke glaubt, von der Gnade Gottes ausgeschlossen zu sein, das Zeichen einer echten Gemütskrankheit, einer Störung der Vernunft. Der Betreffende meint ja, daß das, was der ganzen Menschheit gilt, nämlich das Angebot der Gnade Gottes und die Vergebung der Sünden, für ihn persönlich gerade nicht gilt. Seine Sünde und seine Vergehen sind damit mächtiger als die Gnade Gottes. Schwerlich wird man in diesem Gefühl und Bewußtsein kein krankhaftes Geschehen erblicken können; schwer und fast unmöglich ist es für einen Nichtbetroffenen aber auch nachzuvollziehen, in welcher Hölle der Kranke in diesem Gefühl und Bewußtsein lebt.

---

* Rudolf Bohren: »In der Tiefe der Zisterne« – Erfahrungen mit der Schwermut, München 1990.

Kann die Krankheit oder können die Krankheiten des Paulus auch nie mit Sicherheit diagnostiziert werden, so bleibt uns Paulus in seiner Persönlichkeit nicht so rätselhaft. Paulus war ein willensstarker, selbstbewußter Mensch von hoher Intelligenz und widersprüchlichem Charakter. Er war wahrscheinlich von *zyklothymer* Wesensart, d. h. starken Stimmungsschwankungen unterworfen, und zeichnete sich durch Persönlichkeitsmerkmale oder Charaktereigenschaften aus, die polar angelegt waren. In ihnen lernen wir ihn als einen Kämpfer und Dulder, als einen kühlen Kopf und einen Menschen, der zum Herzen spricht, als einen Freien und als einen Gebundenen kennen, in dem sich eine sensible und zwanghafte, eine explosive und demonstrative Wesensart zeigt. So lernen wir ihn kennen im Umgang und in den Auseinandersetzungen mit den Gemeinden, die er selbst oder auch andere gegründet hatten, im Verkehr mit Freunden und Gegnern, wie ihn seine Briefe widerspiegeln. Da stellt er sich uns vor, da bekommen wir ihn zu Gesicht, erfahren etwas über sein Temperament und über seine Krankheiten und Leiden. Wir erfahren es alles aber nur im Zusammenhang der Predigt des Evangeliums. Das Salz seiner Theologie ist Paulus selbst. Kaum ein anderer Mensch hat seine Theologie so glaubwürdig *mit seiner Vita* geschrieben und illustriert wie Paulus. Seine Theologie wird gleichsam durch seinen persönlichen Auftritt anschaulich und lebendig.

Diagnosen werden in der Psychiatrie auf verschiedenen Ebenen gestellt. Persönlichkeitsdiagnosen sagen etwas aus über den Charakter, das Wesen und das Temperament des Betreffenden, worin, wie wir gerade gesehen haben, Paulus sehr gut diagnostiziert werden kann. Biographische Diagnosen zielen auf lebensgeschichtliche Ereignisse, die einen Menschen vorwiegend prägen. Es ist das Gebiet der sogenannten Neurosen. Über die Biographie des Paulus habe ich an dieser Stelle praktisch nichts gesagt, und zwar deshalb nicht, weil ich meine, daß ich eine Diagnose im strikten Sinne, die ja Krankhaftes oder Abnormes ans Licht bringen soll, bei Paulus nicht stellen kann. Ich vermochte weder eine ekklesiogene noch eine ehemals synagogene Neurose zu diagnostizieren. Das lebensgeschichtliche Ereignis, das allein für Paulus aus seinem Selbstverständnis und Selbstbewußtsein heraus Bedeutung hat, ist seine Begegnung mit Jesus von Nazareth, dem auferstandenen Herrn. Meine Scheu vor dem Geheimnis des Menschen Paulus hindert mich daran, ja verbietet es mir, diese Begegnung in einem psychologisch-diagnostischen Prozeß analysieren zu wollen, Fragen aufwerfen und beantworten zu wollen, die kein Mensch beantworten kann.

Vergessen wir nicht: das alles ist Paulus »dem Fleische nach« (Gal 6,1; Phil 3,3 ff.; 2Kor 11,18.22), nicht der durch Christus erleuchtete Paulus des Geistes, wie er sich selbst versteht und der wohl weiß, daß er allen Grund hat, sich seines großen und reichen Erbes, der Tradition aus seinem Volk, zu rühmen, der sagt: »Der ich am 8. Tag beschnitten bin, einer aus dem Volk Israel, vom Stamme Benjamin, ein Hebräer von Hebräern, nach dem Gesetz ein Pharisäer, nach dem Eifer ein Verfolger der Gemeinde, nach der Gerechtigkeit gewesen im Gesetz unsträflich« (Phil 3,5–6), der aber dem allen entgegenhält: *»Aber was mir Gewinn war, das habe ich um Christi willen für Schaden geachtet. Ja, ich achte es noch alles für Schaden gegen die überschwengliche Größe Jesu Christi, meines Herrn«* (Phil 3,7).

Auf der biologischen Ebene werden in der Psychiatrie Diagnosen gestellt, die etwas mit dem konstitutionellen Erbe des Betreffenden zu tun haben. In meiner Vermutung, daß bei Paulus sowohl eine zyklothyme Wesensart als auch die Veranlagung für eine schwere Melancholie bestand, habe ich versucht, diesen Aspekt zu berücksichtigen.

Noch einmal: An der Sache, am Selbstverständnis des Paulus eröffnet sich uns seine Persönlichkeit, sein Wesen, sein Innerstes. Der scheinbar von oben herab sagt: »Folget mir« (Phil 3,17), »Werdet wie ich« (Gal 4,12), »Seid meine Nachfolger« (1Kor 4,16), der steigt auch hinab und sagt: »Denn ich wurde wie ihr« (Gal 4,12) und der sagt: »Seid meine Nachfolger«, der sagt auch: »Gleich wie ich Christi« (1Kor 11,1) und stellt sich damit ins rechte Licht.

Der Apostel, der herrisch fragen kann: »Was wollt ihr? Soll ich mit der Rute zu euch kommen oder mit Liebe und sanftmütigem Geist?« (1Kor 4,21), der wird nur recht verstanden, wenn wir ihn auch weinen sehen angesichts jener, denen das Kreuz zu schwer geworden ist: »Denn viele wandeln, von welchen ich euch oft gesagt habe, nun aber sage ich auch unter Tränen: sie sind die Feinde des Kreuzes Christi« (Phil 3,18).

Der, der sagen kann: »Hinfort mache mir niemand weiter Mühe; denn ich trage die Malzeichen Jesu an meinem Leibe« (Gal 6,17), der kann auch sagen: »Wenn ich euch mehr liebe, soll ich darum weniger geliebt werden?« (2Kor 12,15).

Paulus, der um Christi willen allen alles geworden ist (1Kor 9,20–22), der so anpassungsfähig um der Sache willen war – und den man deshalb des Opportunismus bezichtigt hat –, der hat sich auch als ein auf seine Mitmenschen aufs höchste angewiesener und hilfs- und trostbedürftiger Mensch erwiesen (1Thess 2,17; 3,7), und auf der anderen Seite als ein von allen Menschen unabhängiger und völlig selbstgenügsamer Mensch: »Ich kann niedrig sein und kann hoch sein. Mir ist alles und jedes vertraut; ich kann beides: satt sein und hungern, beides: übrighaben und Mangel leiden. Ich vermag alles durch den, der mich mächtig macht: Christus« (Phil 4,12–13).

Paulus mit den Augen eines Psychiaters betrachtet? Der Apostel auf der Couch? Auch hier würde Paulus antworten: Ich kann beides, ich kann mich da, wo es um die Sache geht und wo man mich mißverstehen will, indem man mich aus meiner Vergangenheit dem Fleische nach deutet, mit meinem Selbstverständnis und Selbstbewußtsein höchsten Widerstand gegen jeden Versuch dieser Art leisten; ich will mich und die Motive meines Handelns von keinem anderen als von dem, der die Herzen kennt, erforschen lassen. Ich kann mich aber auch gelassen auf die Couch legen und mich analysieren lassen: nichts braucht ausgespart zu bleiben, nur die Schamgrenze beachtet. – Das fällt mir bei Paulus auf: Es gibt bei ihm, der für 20 bis 30 Jahre in der Mitte des Lebens aus dem Dunkel der Geschichte auftaucht – wir wissen nichts Genaues über seine Kindheit und Jugend und auch nichts über sein Ende –, keine dunkle Vergangenheit, die noch zu erhellen wäre, um ihn besser und richtiger verstehen zu lernen. Seine Seele liegt offen, wie ein aufgeschlagenes Buch, vor uns. Er hat uns sein Bewußtes und Unbewußtes offenbart, wir wissen alles über ihn, was wichtig ist, um ihn zu verstehen. Er teilt es uns mit.

Läßt man Paulus stehen, wie er sich versteht, als einen Apostel Jesu Christi, dann spreizt er sich auch nicht, wenn man versucht, ihn auch noch weiter zu verstehen. Nur darf man nicht meinen, ihn dadurch besser oder richtiger verstehen zu können, den eigentlichen oder wahren Paulus dann vor Augen zu bekommen. Paulus hat auch nichts zu verbergen. Er muß nicht fürchten, daß etwas ans Licht kommt, was sein Bild trüben könnte, denn er weiß sich durchleuchtet von dem, von dem er sagt, daß er einen hellen Schein in unsere Herzen gegeben hat, »daß durch uns entstünde die Erleuchtung zur Erkenntnis der Herrlichkeit Gottes im Angesicht Jesu Christi« (2Kor 4,6).

Horst Herrmann

Was wird, wenn einer nicht anders kann

Monolog mit einem Ungeliebten

Sie sollten es gleich wissen, mein Herr: Ich lasse Sie hier nicht zu Wort kommen. Das hat seinen Grund: Bekam einer je Zeit genug zu sprechen, dann Sie, Paulus aus Tarsos, gewiß der bis heute einflußreichste Briefschreiber der Geschichte.

Sonntag für Sonntag predigen Pastoren, Priester, selbst Johannes Paul II., der sich, halb zumindest, mit Ihrem Namen aufwertet, den wenigen, die noch hören können, zum hundertsten Mal, was Sie damals ersannen: Briefe, geschäftig mit zitationsfähigen Stellen, Abschnitten, Leihgaben geflickt (Sie sollen Zeltmacher gelernt haben), oft unverständlich aneinandergereiht, nicht selten schlicht gestoppelt, nach Manier von Jägern und Sammlern gehäuft, geschichtet, schließlich hierhin, dorthin geschickt. Rastlos an Adressaten gerichtet, die solchen Lesestoff nicht wünschten, nicht verstanden, doch mit der Zeit stolz wurden, auch bedient worden zu sein, vom großen Gründer Zeilen gewidmet erhalten oder solche in frommem Betrug selbst umgewidmet zu haben, jedenfalls Träger von Anreden zu sein, die ihre Gemeinde unsterblich machen würden im Milieu.

Fragten Sie je nach denen, die Sie so auffällig schnell als die Ihren vereinnahmten? Konnten Sie den Anspruch einlösen, wie eine Mutter besorgt zu sein um Ihre Gemeinden? Weiß ein Mann, auch wenn er nicht zum Frauenverächter wurde wie Sie, was es bedeutet, Mutter zu sein? Sich eine mannesstolze Aufgabe wählen, das Ganze als Berufung ausgeben, fromm räsonierende Briefe schreiben, sich als Missionar ganzer Völker fühlen, in der Weltgeschichte herumreisen, sogenannte Heiden bekehren: wesentlich einfacher.

Ihren früheren Status, Verfolger, Liquidator, Vollstrekker gewesen zu sein, spreche ich besser nicht an; es gibt in der Welt des Geistes keine mit Ihrer Funktion zu vergleichende Alternative. Das Lamento über Ihr eigenes Leid, über die Verfolgung durch andere, das Sie sich nicht verkneifen konnten und zum Gottesjubel über Ihre Bedrängnisse verklären mußten, verfängt allerdings nicht. Die Geschichte kennt Menschen, Denker unter ihnen, die verfolgt waren (ohne selbst verfolgt zu haben!) – und kein Wort der Klage zu äußern nötig hatten. Wer freilich so unsicher bleibt wie Sie, muß relativ laut tönen und wehklagen; wer Selbstmitleidige sucht, um mit vermeintlich Zukurzgekommenen eine Gemeinde zu bilden, erst recht.

In diesem Zusammenhang gefragt: Wie fühlen Sie sich, wenn Sie Ihre Kirchen betrachten und sehen, was sich aus bescheidenem Beginn entwickelte? Zu Ihrer Zeit wirkte die Rede von der kleinen, feinen Herde; das schürte das Erwählungsbewußtsein, nicht zuletzt bei der selbstbewußten, erkenntnisstolzen Oberschicht, die sich bei Ihnen religiös neuorientieren wollte. Heute, da sich über eine Milliarde Menschen im Pferch befindet, verkörpern Ihre Kinder politische und gesellschaftliche Macht en masse; aufgewecktere Christen wissen es, nutzen es. Und morgen?

Schon finden sich viele Frauen, die in der Gemeinde nicht mehr schweigen wie ihre Mütter, sondern Ihre Schreiben auf offenkundige wie versteckte Macho-Wörter und -Strukturen hin beforschen und Ihnen gern bescheinigen, daß Sie nichts anderes waren als ein patriarchaler Denker nachhaltigster Prägung, ein Christusprediger, der sich unter anderem als Eheberater und Familienexperte der Lächerlichkeit aussetzte. Sie sollten sich diesen Frauen gegenüber nicht auf den Zeitgeist von einst berufen, nicht behaupten, Sie hätten es seinerzeit nicht besser machen können; andere, Heiden, waren Ihnen schon damals voraus. Der Geist wehte immer, wo er wollte, und nicht jeder, der ihn für sich reklamierte, erfuhr ihn. Die Decke Ihrer Verkündigung ist längst zu kurz; hinter den vielfach gestreuten Christusvokabeln lugen die überkommenen Denkmuster der Männergesellschaft hervor, von denen Sie, angeblich Bote noch nie gehörter, umstürzlerischer Wahrheiten, sich nicht lösen konnten.

Ansonsten blieben Sie nicht so strikt am Alten kleben. Immerhin räumten Sie, ganz Apostel der Rache, mit dem Erbe auf, das sich Ihren fliegenden Gedanken in den Weg stellen, Ihrer Berufung zu Höherem gefährlich werden würde: z. B. mit Gedankengut und Begrifflichkeit hellenistischer Philosophen, Philologen, Juristen und Theologen, die Sie bestens kannten. Was Ihnen als Konkurrenz erschien, mußte weg. Immerhin hatten Sie mittlerweile das »Kreuz«, eine Ihrer wirkmächtigsten Erfindungen und das effektivste Warenzeichen der Geschichte, als Torheit ausgemacht. Narretei war, so Ihre Schlaumeierei, nicht etwa dieses Kreuz, sondern das Verhalten jener, die sich nicht – mit Ihnen? – an dieses heften lassen wollten, mitkreuzigen Tag für Tag.

Eine andere Frage ist, ob Sie sich wirklich vom Erbteil Ihrer Frühzeit befreiten oder Begriffe, die Sie vorfanden, ohne Skrupel, ohne Verständnis für Selbstand und Legitimität plagiierten, tauften. Ich lebe glücklicherweise in einer Zeit, da sich die Rückkehr des Heidentums ankündigt. Ich freue mich, daß Ihre eifernde, geifernde Botschaft an Menschen, die Sie als Heiden, das heißt: Objekte für Bekehrung, klassifizierten, nicht das letzte Wort der Geschichte bleibt. Die von Ihrem seltsam aufdringlichen Heilsverlangen Übertölpelten brauchten lange, sich von Ihrem Geist zu befreien, Ihren Verrat an der Antike aufzuarbeiten und Sokrates, Artemis, Dionysos wieder in ihre Urrechte einzusetzen. Doch sie erholen sich zusehends von Ihnen.

Alles rächt sich auf Erden. Jetzt müssen Sie zuhören. Ihre Zeit ist um, Ihre Doktrin dahin, auch wenn es jene, die in der sogenannten paulinischen Exegese und Predigt ihre Brotberufe haben, noch nicht gemerkt haben sollten – oder, nachweislich noch häufiger, nicht zugeben können. Nicht jeder bringt bereits den Mut auf, sich von Ihnen zu lösen, um ererbte Krankheit gegen geistige Gesundung einzutauschen. Auch fassen noch zu wenige Ihre Schriften mit Handschuhen an, um sich nicht anzustecken. Doch ist alles nur eine Frage der Zeit.

Damit keine Mißverständnisse aufkommen: Ich mache es Ihnen nicht zu leicht. Haß, beliebtester Einwand unter Gemütsmenschen, läßt mich nicht zu Ihnen sprechen. Haß – und Haßliebe, sei's denn – setzte Anteilnahme, Interesse, Engagement voraus; dies alles bringe ich Ihnen gegenüber ebensowenig auf wie viele andere. Ich wurde gebeten, Ihnen meine Meinung zu sagen; da ich auf der Erde wichtigere Probleme sehe, wäre ich allein kaum auf Sie gekommen. Im übrigen: Sie selbst waren, wenn denn aufgerechnet sein soll, nicht allein ein Rigorist, nicht nur ein befähigter Verzerrer von Gedanken und Fakten, sondern ein veritabler Hasser; nicht nur zwischen den Zeilen lassen Sie erkennen, was Renegat zu sein und sich um eine neue Identität sorgen zu müssen aus einem macht.

Ein Monolog gegen Sie? Ich mag Sie mit Gründen nicht, Sie sind mir zudem herzlich unsympathisch. Gegenwärtig, da die Kirchen aus purem Überlebensinteresse den Dialog entdecken mußten, den die römische – unter Berufung auf Sie! – bis noch vor wenigen Jahren versagte, unterband, verfolgte, mag die Beschränkung auf den Monolog merkwürdig wirken. Sie bringen da sicher mehr Verständnis auf: Ich brauche nur Briefe aufzuschlagen, die Ihnen zugeschrieben werden, und schon bin ich mitten im Monolog.

Sie waren ein Meister im Monologisieren, stellten gern unechte Fragen, kannten gegen echt Fragende genügend rhetorische Tricks, entwanden sich fremden Beweisschlingen, schrieben Probleme wie Perspektiven vor, nahmen Argumente auseinander, um sie schließlich mit Ihrer Glaubenspädagogik und einem entsprechenden Vokabular abzufertigen, niederzupeitschen, zuzudeckeln. Sie führten, da Ihr Charakter nicht mehr hergab, Krieg um Krieg – per Mahnschreiben. Zeigen Sie mir eine Stelle, an der Sie Ihre Gegner, Andersdenkende wie ich, wirklich ernst nehmen! Einen einzigen Passus nur, wo Sie einmal nicht salbadernd wie gewöhnlich Ihr erwähltes Ego pflegen, wo Sie Meinungen nicht zurechtstutzen, sondern aufkommen, sich von ihnen in den Zweifel treiben, umstimmen lassen! Fehlanzeige. Das schaffen Sie nicht.

Die Großen der Geistesgeschichte handelten kaum derart beschränkt; seit Anbruch der Neuzeit zählt es ohnedies zum simpelsten Komment, sich schmerzlich auf anderes Denken einzulassen und nicht ständig Lösungen parat zu haben, geschweige denn diese als exklusive Wahrheiten durchzudrücken. Was abendländische Religion – für diese steht nun einmal Ihr Name – verachtenswert macht: Sonderwissen zu beanspruchen, das man flugs als Herrschaftswissen entlarvt, sich als Hort für Angst- und Hoffnungsmacher zu bewähren, fremde Werte, Normen, Ideale als vorletzte zu charakterisieren, immer das letzte Wort zu haben, die Endgültigkeit vermitteln zu wollen.

Die Instanz, auf die Ihresgleichen sich beruft, um Macht über Menschen zu gewinnen, jener Gott, den sich Ihre Texte nach Gusto formten, ist denn auch gründlich und nachdrücklich desavouiert. Durch Theologen Ihrer Art.

Was genau bezweckten Ihre Monologe? Wollten Sie bessern, das heißt bei Ihnen »bekehren«? Aber wen, weshalb, womit? Ihre Adressaten – oder sich selbst? Blieben Sie im Tiefsten ein Zwiespältiger, unverbesserlich Unbekehrter, der seine Unentschiedenheiten unter Worthaufen bergen mußte? Bekamen Sie früh Angst vor dem Coup Ihres Lebens, vor der gewiß gewitzt geschilderten Berufung, vor der von einem Jünger in drei Ansätzen nachgebesserten Legende?

Damaskus sei Ihnen geschenkt; Sie waren klug (nicht

bescheiden) genug, den Vorgang nicht zu erwähnen. Ihre Lage blieb prekär: In der aufgeheizten Atmosphäre eines zwielichtigen Anfangs sind weder Personen noch Lehren gesichert. Da widersteht ein Erweckter dem andern ins Angesicht, geizt nicht mit Verleumdung, Beleidigung, Nachrede, drängt Konkurrenten aus dem geistlichen Geschäft, kämpft sie mit harten Bandagen nieder. Allerlei Berufene müssen sich, um vor der Gemeinde Legitimation zu erwerben, auf den toten Meister zurückziehen, unbedingt Auch-Jünger sein wollen.

Gerade Sie, emporgekommen, neubegnadet, ehrsüchtig, gerieten hier in den schlimmsten Beweisnotstand: Ihre neuen Brüder kannten die Vergangenheit des Seiteneinsteigers zu gut; Augen- und Ohrenzeugen hatten überlebt. Denken Sie an die Brechreiz hervorrufende Szene, in der man Sie in das Neue Testament einführt: als befriedigter Beobachter der Steinigung des Stephanus. Klar: Ihr Vorleben als fanatischer Funktionär war Anlaß für Mißtrauen gegen den, der sich soeben gewendet hatte. Dieser mußte sofort etwas unternehmen; der Stachel saß gleichwohl zeitlebens im Fleisch.

Das Handicap, der Status einer Mißgeburt und Ihre kleingeistige Ich-auch-und-noch-viel-besser-Reaktion: Sie hatten jenen Jesus nie persönlich kennengelernt, auf den Sie sich beriefen, um unter Jesuanern anerkannt zu sein. Daher versuchten Sie unter allen Umständen, ebenfalls ein Apostel zu werden, ein überzähliger zwar, ein nachgereichter, zu spät geborener, aber doch ein in etwa legitimer. Offensichtlich ertrug Ihr Ehrgeiz nur schwer, Sie Bürgerrechtler Roms, daß sich jüdische Fischer fanden, ungebildete Kerle, die Ihnen zuvorgekommen waren. Die erlebt hatten, was Sie sich allenfalls erträumen durften. Die Ihren Traummann von Angesicht kannten.

Hut ab vor der Meisterleistung! Sie suchten und fanden Ihre ureigenste Lösung, die mit einem Schlag das Problem behob. Da Sie, wie die Konkurrenten flüsterten, Jesus zu dessen Lebzeiten nicht gesehen hatten und Golgotha Ihnen jede Chance genommen hatte, diesen Mangel auszugleichen, mußte er, Ihretwillen!, auferstanden sein und leben: Auf diese Weise vermochte zwar nicht der tote Jesus, doch der nachösterliche Christus Ihnen zu begegnen und Sie bei dieser Gelegenheit zu legitimieren...

Sie erinnern, in Ihrem Größenwahn von der späten Geburt, in Ihrem Christusübereifer, in Ihrem Verständnis von Mission als einer Machtprobe, stark an einen Primus, der seinen Allüren, Manien, Obsessionen lebt und es denen, die weniger wissen, aber mehr erfuhren, immer wieder richtig zeigen kann. Seien Sie ehrlich: Schätzte auch nur einer der Urapostel Sie wirklich? War Petrus je Ihr Freund? Oder fand er Sie, wie viele heute, unausstehlich besserwisserisch?

Gewiß, mittlerweile haben Sie es geschafft. Die Verräterangst ist weg. Sie erlangten den Erfolg, den Sie sich ersehnten: Arm in Arm stehen Petrus und Paulus – wie Schiller und Goethe in Weimar – auf römischen Sockeln, und am 29. Juni jeden Jahres feiern Kleriker Ihr gemeinsames Fest, den Nationalfeiertag des Vatikanstaats. Jetzt tauchen die Apostelfürsten wie Zwillinge auf, wenigstens posthum ein ideales Paar. Und Paulus steht endlich auf derselben Höhe wie Petrus. Auf den – Sie erinnern sich? – wollte Ihr Herr seine Kirche bauen, die Sie, der ungleich Gewandtere, sich dann reimten, gründeten.

Sie konnten nicht anders, wenden Sie ein, fühlten sich getrieben? Wie gesagt, Ihr persönliches Problem ist zu verstehen, doch seine Folgen für andere sind um so weniger diskutabel. Interessiert Sie, was Sie anrichteten? Ich nehme einmal an, zu Ihrer Entlastung, daß kein Jenseitiger Wissen über das Diesseits hat. Wäre es anders, stimmte also die päpstliche Doktrin, hätten Sie mitbekommen, was seit Ihrem Tod (in Rom??, durch das Schwert??) hienieden geschah. Ich greife, zur gefälligen Ergänzung Ihrer Information, Beispiele heraus: Denk- und Gefühlsschrott aus wohlbestückten Arsenalen des Christentums.

Fast zweitausend Jahre nun verwenden interessierte

Kleriker Ihre Briefe als Vorlagen für Disziplinierung und Maßregelung. Millionen Menschen wurden dabei, unter Berufung auf eine obrigkeitsdevote Stelle aus einem Ihrer Briefe, zum Gehorsam gegen alle da oben erzogen, geduckt, niedergehalten: nicht gerade ein Ruhmesblatt für die Religion, die auszog, eine Welt zu wandeln, wohl aber ein Verhängnis für Staat und Gesellschaft. Aber Sie wählten eben instinktsicher eine solch willfährige Passage, um sich bei den Machthabern Ihrer Welt, den Römern, anzubiedern, die, nebenbei, Jesus ermordet hatten! Reden Sie sich nicht heraus: Als Sie diesen Abschnitt schrieben, regierte Nero, und Sie wußten dies. Während römische Intellektuelle das Unrechtssystem des Politclowns scharf angriffen, drückten Sie nicht nur die Augen zu, sondern versuchten zudem, Ihre Glaubensuntertanen auf eine solch schäbige Theologie einzuschwören. Dafür muß einer schon Gründe nennen, um nicht Schreibtischtäter zu heißen! Und auch jene sollten ihre Gründe offenlegen, die Ihren Text noch immer bedenken, beforschen, bepredigen, als sei nichts geschehen, als habe er nicht Unsägliches angerichtet…

Hunderttausende von geringen und geringsten Auch-Aposteln, Auch-Missionaren, Auch-Predigern beriefen sich in anderer Angelegenheit ebenfalls auf Sie. Solche Abhängigkeiten mögen Sie befriedigen. Doch das ist zu wenig: Die kleinen Paulusse forderten Millionen Denkopfer und, noch ekligeres Erbe Ihrer Kirchengründung, Millionen Blutopfer! Die »Taufe«, von Jesus nicht ein einziges Mal vorgenommen, von Ihnen jedoch als Voraussetzung kirchenstiftender Christusnachfolge verlangt, stellte nicht nur wie heute eine – in Deutschland einigermaßen geldwerte – Zwangsvollstreckung des Glaubens an unwissenden, unwilligen, unschuldigen Säuglingen dar, sie war blutiger Ernst, mein Herr: Allein die Schreie eines einzigen Indiokindes, das Bekehrungssüchtige an der Brust seiner Mutter erstachen, zeugen ein für allemal gegen Sie!

Ich hoffe, daß Sie hinzulernten und inzwischen auch unerträglich finden, was nichts anderes als Mord am Denken, Fühlen, Leben ist. Unredlich, doch weit verbreitet, sich nur diejenigen Stellen aus Ihren Briefen herauszupicken, welche Ihre Botschaft (zutreffender: Ehre) retten könnten, doch die individuell wie sozial auf übelste Weise wirkenden (die Mehrzahl?) als zeitbedingte Bagatellen, Mißverständnisse, Fehldeutungen auszugeben. Entweder gilt alles – oder gar nichts! Oder, ein anderer Vorschlag: Ihre Kirchen teilen mit, welche Abschnitte sie lieber nicht mehr im Neuen Testament läsen.

Paulinische Peinlichkeiten finden sich genug. Zu Ihrer Taktik gehörte es unter anderem, allen alles zu werden; ein erbärmlich erbauliches Zitat für Priesterseminare! Gewiß nicht ungeschickt, dies selbstüberschätzende, jedenfalls unrealistische Motto, werden Ihnen Werbeagenturen bestätigen: Wer überzeugen will, muß auf Leute zugehen, ihnen tatsächliche oder aufgesetzte Gemeinsamkeiten zu erkennen geben. Realisierten Sie aber je Ihre Devise? Mit Ihrem Wirken setzte nachweislich ein Antijudaismus ein, den Ihre Kirchen krasser nicht verfolgen konnten. Bitte, keine Ausrede: Sie beteuerten zwar, sooft es Ihnen nützlich erschien, daß Sie Jude, Pharisäer waren. Überzeugend klangen, wie die Geschichte Ihrer Kirchen tausendfach beweist, jedoch nur jene Passagen, in denen Sie über Ihre ehemaligen Brüder herziehen – und Endlösungen ansprechen. Hier wurden Sie zur Genüge verstanden.

Hätten Sie sich, Hand aufs Herz, eines so konsequenten, unfehlbar tödlich wirksamen Verständnisses geschämt? Sich dezidiert von solchen Nachfolgern distanziert, zumindest erklärt, Sie seien gründlich mißinterpretiert, Ihre Texte hätten Nachbesserungen, -verschlimmerungen zu erdulden gehabt, alles sei anders gelaufen, als Sie es geplant? Lese ich Ihre Briefe, fällt es mir schwer zu glauben, daß Sie den Mut zur Scham gefunden hätten, zur Scham über die ungeheuren Verbrechen, die – im Namen Ihrer Kirchen – über Menschen kamen.

Andersherum, ziemlich offiziell-katholisch gefragt: Was tun Sie denn, jetzt ein Jenseits vorausgesetzt, da drüben? Nehmen Sie das Lob, das Kirchen ständig über Sie breiten, stumm entgegen? Oder sind Sie mittlerweile starr vor Entsetzen? Treten Sie, ich stütze mich auf die Lehre der Catholica, bei Gott für alle Opfer ein? Schließlich werden Sie inzwischen als ein Apostel der vordersten Linie verehrt, finden sich – als Fürbitter, Märtyrer, Heiliger von Rang – tausendfach in Kirchen abgebildet, die Ihren Namen tragen. Darf ich fragen, ob Sie da drüben irgend etwas bewegen? Könnte der Geist Gottes sich nicht wenigstens, auf Ihre Fürbitte hin, daranmachen, das von Christen ausgehende Weltleiden abzubrechen? Sind zwei Jahrtausende Christenexperiment nicht genug? Müßte Ihr Gott nicht aufwachen, Schluß machen mit dem Bösen, das aus dem Schoß Ihrer Doktrin stammt? Die Menschheit befreien, retten, erlösen?

Sie gelten als der eigentliche Erfinder der Erlösung. Wer nämlich hätte die Doktrin entwickelt, wenn nicht Sie? Die Kommentatoren Ihrer Briefe überschlagen sich, sooft sie die schauerlich sakrosankten Worte Ihrer Christenlehre wiederkäuen, Erbsünde ausmachen, Erlösung stammeln, Heil verlangen, Gotteskindschaft verheißen, Gnade ankündigen. Aber wo bleibt die Erlösung? Wanderte sie nicht längst, und nicht gerade gegen Ihren Willen, ins Intime ab, wo kleine Seelchen, für Zweifel zu zickig, feingewirkte Heilsegoismen hüten? Ihr Himmel in Ehren: Ist der Herr offensichtlich schon nicht wiederzukommen geneigt, könnten Sie doch dafür eintreten, daß er auf der Erde mehr tut, als bisher bekannt wurde: Sind Ihnen die Millionen verhungernder Kinder, die Abermillionen verreckender Versuchstiere völlig egal? Wofür treten Sie vor ihm ein? Nur für die Wünsche derer, die Sie Tag um Tag um Fürbitte anflehen?

Ich kenne viele, es sind, mit Verlaub, nicht die schlechtesten, denen können Sie gestohlen bleiben mit Ihrem zuchtmeisterlich zupackenden Hohen Lied, Ihrer Gardinenpredigt von der wahren Liebe. Mag dieser Traktat sich auch wegen seiner unverkennbaren Attitüde der Zurechtrückung, Zurechtweisung auf Kanzel und Katheder griffig ausmachen und bei Festreden, Akademietagungen, Beerdigungen seinen Zweck nicht verfehlen: Der Text wiegt, falls er überhaupt von Ihnen stammt und nicht wie so vieles »Paulinische« abgeschrieben und zurechtgebogen wurde, bei weitem nicht auf, was Sie an inhuman fortwirkenden Sätzen, Lehren, Gemeindedoktrinen verfaßten. Einen Apostel der Agape nenne ich Sie nun gerade nicht; das werden Sie nicht erwartet haben.

Als Organisator freilich wirkten Sie unschlagbar, allen anderen Aposteln, Jüngern, Evangelisten haushoch überlegen, verglichen mit Jesus gar wie ein Genie. Der Nazarener hätte es nie zu einer »Kirche« nach Ihren Vorstellungen gebracht; Lehren in Sätze zu kleiden, Systeme der Moral und des Glaubens zu errichten, auf die seine Anhänger sich stützten, würde ihm einfach nicht gelingen. Er kannte seine Grenzen; gewiß dachte er nicht einmal an derlei. Kein Wunder, daß sein armer Name Ihnen wenig wichtig war, verständlich, daß Sie mit ihm nur kleckerten, während Sie dreihundertsiebzigmal mit dem erdachten »Christus« klotzten. Da Jesus, Ihnen ganz und gar unbegreiflich, eine Leerstelle in Ihrer Rechnung blieb, sahen Sie Ihre Stunde gekommen: Eine Kunstfigur war zu entwerfen. Ein unbesetzter Kleiderständer kann alles tragen, was man ihm anhängt.

Sie wußten, was Sie taten. Sie kannten ein wesentliches Element der Politik: die Anlage auf Dauer. Sie legten nicht ohne Grund Ihre Organisation an, als ob es kein Weltenende gäbe; die Pforten der Höllenwelt würden sich schwertun, diesen Bau zum Einsturz zu bringen. Sie verstanden es, das vorgefundene Verwaltungssystem der Römer optimal zu nutzen, Ihre Gemeinden mit dem Diesseitigsten, dem Geld, an sich zu binden. Sie etablierten Ihren Geist konkret auf Erden, eliminierten mit Rücksicht auf die scharfe Kontrolle des römischen Herrschaftsapparates die politisch gefährliche Seite des Messias-Gedankens, leisteten auch den ersten, nachhaltigsten Verzicht auf die Mär von der bevorstehenden Wiederkunft des Herrn, schoben diesen und alle, die sich seine Jünger nannten, ins ewige Leben ab.

Christus, Christologie, Christentum? Im Gegensatz zu dem, das auf Ihre sowohl handfeste Interessen verratende als auch immer wieder diplomatisch, kreuzesfern wirkende Ideologie zurückgeht, gab es bei den »irrigen Heidenreligionen« keine absolut gesetzten, geoffenbarten Wahrheiten, die in missionarischem Wortgefecht, mit bekehrerischem Feuer und Schwert hätten verkündet werden müssen. Ob die gewalttätig überwundenen Irrtümer Ihrer Wahrheit nicht weit voraus waren?

Taten Sie, aufs Ganze gesehen, wirklich etwas für statt gegen die Welt? Gehören Sie zu den Vordenkern oder zu den Wohltätern der Menschheit? Oder stellt Ihre Wirkgeschichte, aus dem Dunkel der Legende herausgeholt und bei Licht besehen, eine Folge von Untaten dar? Bewirkte Ihre Frohbotschaft also nicht nur nichts, besserte jedenfalls keine Welt, sondern verwandelte alles nur noch, unter den Händen Ihrer Gläubigen, ins jeweils Schlimmere? An Ihrer Stelle käme ich, bedächte ich mein Überlebenswerk, sehr ins Grübeln.

Dieter Hildebrandt

Vom Saulus zum Paulus

Vom Saulus zum Paulus: Wie ein Mensch vom Verfolger zum Verfolgten wird, vom Peiniger zum Propagandisten des Christentums, vom Pharisäer zum Völkerapostel, vom Tora-Juden zum Verkünder des Evangeliums, vom Hasser zum Heiligen, vom Liquidationsfunktionär zum Liebesprediger – davon spricht diese Wendung.

Wie eine Existenz gewandelt wird, wie einer sich ein anderes Herz faßt, ein zweites Bewußtsein erfährt, wie er ein neuer Mensch wird – davon spricht diese Wendung.

Wie eine Revolution sich im Kopf eines einzelnen ereignet, die Rebellion in der Seele, der Umsturz in den Gottesgedanken eines Individuums, wie aber die Geschichte dieser Wandlung zum Wandel der Geschichte selbst führt – davon spricht diese Wendung: vom Saulus zum Paulus.

Sie spricht von einer der faszinierendsten und wirkungsvollsten Gestalten der Historie; sie spricht zugleich auch von uns und unseren tief verborgenen oder auch vulkanisch ausbrechenden Wunsch: Du mußt dein Leben ändern, oder: Fang ein neues Leben an. Saulus/Paulus ist eins der großen Menschheitsmodelle: Der *Handelnde* imponiert uns (wenn er uns denn Kopf und Kragen in Ruhe läßt), dem *Wandelnden* sehen wir bewundernd nach (bis wir ihn aus den Augen verlieren), aber der *Gewandelte* allein berührt uns im Innersten, nur er zieht uns in Mitleidenschaft.

Bekehrung, Umkehr: Das drastischste Wort findet sich im Vokabular der Spionage. Ein Agent wird »umgedreht«. Das heißt, daß einer, der bisher für die eine Partei gearbeitet hat, nun für die Gegenseite »gewonnen« wird. Vielleicht hat man ihn bestochen, unter Druck gesetzt, seine Angehörigen mit Repressalien bedroht, ihn gar gefoltert, vielleicht auch hat man ihn überzeugt. Saulus/Paulus, »Spion Gottes« auch als junger fanatischer Jude, Widersacher der kleinen, verängstigten, sich wegduckenden, auseinanderfliehenden frühen Christengemeinde, wird von Gott selbst umgedreht und zum eigentlichen Wortführer des neuen Weltglaubens, der neuen Glaubenswelt.

Vom Saulus zum Paulus: Keine nächtliche Vision, keine jäh zerreißende Dunkelheit, keine auffliegende Finsternis. Die Erleuchtung trifft den Mann auf offener Straße vor Damaskus, am hellichten Tag, »im Lichtsturz des Mittags« (Benn), in der panischen Grelle der Wüstenlandschaft, in diesem peinigenden gleißenden Flimmern, das die Augenentzündungen zur Volkskrankheit werden läßt. Was ist natürlicher, als daß dieser Reisende tagelang geblendet, mit Blindheit geschlagen ist, nachdem ein »großes Licht vom Himmel« die Taghölle abermals überglänzt, zerstrahlt, durchlasert hat? Saulus/Paulus erscheint den Leuten von Damaskus, als er dort eintrifft, in diesem erschreckenden, in diesem verwirrenden neuen Licht: Wie sollten sie dem Frieden irgend, und alsogleich, trauen?

Seither gibt es dieses Damaskus als doppelten Ort: Da ist einmal das antike reiche Handelszentrum in einer wasserreichen Oase am Hermon, eine der ältesten und schönsten Städte der alten Erde, »das Auge des Ostens«, wie Kaiser Julianus Apostata gesagt hat, »die Perle des Ostens«, wie arabische Sänger sie gerühmt haben, »der Diamant, in Smaragd gefaßt« und »die Königin der syrischen Städte«, die Stadt, bei deren Anblick Mohammed, als er noch nicht der Prophet war, umkehrte mit dem legendären Satz: »Es ist dem Sterblichen nur ein Paradies beschieden – ich suche das himmlische.« Die Stadt aber auch, vor der bis heute die Konflikte der Region nicht haltmachen: das politische Zentrum Damaskus.

Und dann ist da das paulinische Damaskus, ein Ort der Seelenwende, eine Bekehrungsstätte, psychologische Metapher und mystische Chiffre. »Das war sein Damaskus« – das meint jenen Punkt, von dem aus ein Lebenslauf eine andere Richtung nimmt. Damaskus wird zur Signatur für den Umkehrschub in jeglicher Existenz, seit damals, seit nunmehr fast zweitausend Jahren. Damaskus ist in der Menschheitsgeschichte der Inbegriff der ganz großen visionären Erneuerung. Das menschen- und weltverändernde Damaskus ist das eigentliche, das immer wieder neu sich ereignende und eröffnende Utopia.

Damaskus – das ist der Geizhals, der plötzlich zum Wohltäter wird, der Machtmensch, der in die Knie sinkt, der Reiche, der bedürfnislos zu leben beginnt, das ist die Grande Dame, die Pflegerin wird in einem Armenspital. Damaskus – das ist aber auch der Mönch, der die Soutane ablegt und zu neuer Freiheit findet; der Kirchenfürst, der sich programmatisch auf die Seite der Unterdrückten schlägt und den Konflikt riskiert mit der Orthodoxie. Die Heiligengeschichten der katholischen Kirche haben dieses Damaskus als den einen gemeinsamen Ort. Damaskus – das ist eine Oase des Herzens, das ist die Verwandlung des Abwegs in einen Weg, die Erschütterung noch jener Gewalt, die einer sich selbst antut. Was die Menschen, die dieses Damaskus erlebt haben, kennzeichnet, auszeichnet, oft genug zur Verwunderung, nicht selten zum Entsetzen ihrer Mitwelt, ist die Intensität, mit der sie den neuen Zielen nachstreben. Sie knien sich, buchstäblich, hinein in ihre zweite Existenz.

Das gilt nicht nur für die religiöse, das gilt in diesem Jahrhundert fast noch mehr für die ideologische Bekehrung; Arthur Koestler hat sein Damaskus-Erlebnis, das ihn zum Kommunisten machte, mit aller Emphase eines religiösen Erlebnisses beschrieben: »Der Ausdruck, es sei einem plötzlich ›ein Licht aufgegangen‹, ist eine armselige Bezeichnung für das geistige Entzücken, das dem Bekehrten widerfährt – ganz gleich, zu welchem Glauben er bekehrt worden ist. Das neue Licht scheint von allen Seiten in die Schädelhöhle hineinzudringen; die verwirrende Fülle der Erscheinungen nimmt plötzlich eine faßbare Gestalt an, als hätte ein Zauberstab die verstreuten Mosaikstücke eines Puzzlespiels mit einem Schlag zusammengefügt. Von nun an gibt es auf jede Frage eine Antwort; Zweifel und Konflikte gehören der qualvollen Vergangenheit an, jener weit zurückliegenden Vergangenheit, als man noch in schmachvoller Unwissenheit in der faden, farblosen Welt der Uneingeweihten lebte. Von jetzt an ist die innere Ruhe und Heiterkeit des Bekehrten durch fast nichts mehr zu gefährden – höchstens noch durch gelegentliche Anwandlung der Furcht, er könne den Glauben wieder verlieren und damit alles dessen verlustig gehen, was das Leben allein lebenswert macht, um in die Dunkelheit zurückzustürzen, wo Heulen und Zähneklappern herrscht.«

Was aber ändert sich durch Damaskus? Nur der Weg des Menschen, nicht auch sein Charakter? Nur seine Ideale, nicht aber der Fanatismus, mit dem er für sie eifert? Nur der Gott, zu dem er betet, nicht aber die Disposition zum Gebet? Nur die Gruppe der Menschen, denen er den Kampf ansagt, nicht aber dieser Kampf selber? Kann denn einer wirklich ein neues Leben leben, wenn er doch seinen Kopf für sich behalten muß? Ist denn einer wirklich »in Christo«, wenn er doch gar nicht aus seiner Haut kann? Ist das eine neue Lebensrichtung, wo er doch nach wie vor einen Fuß vor den andern setzt? Ist am Ende die Bekehrung nur Teil seiner Natur, die Läuterung nur Sublimierung von Wankelmut, die neu gewonnene Sicherheit nur Zeichen einer tiefen Unsicherheit? Ist am Ende die Umkehr nur Ausdruck einer angeborenen Ambivalenz? »In jedem Leben«, schreibt Jakob Wassermann, »gibt es einen Augenblick, wo sich der Mensch nach den polaren Gegensätzen seiner Natur entscheiden kann. Wo demnach Shakespeare ebensogut ein genialer Räuber à la Robin Hood hätte werden können wie Dramenschreiber, Lenin ebensogut Chef der zaristischen Geheimpolizei wie der Vernichter des Systems... Unser äußeres Tun hängt von einem tiefen Dualismus ab, der uns eingepflanzt ist wie der Instinkt von rechts und links.«

VOM SAULUS ZUM PAULUS: Dieses allererste Damaskus konnte zum Grundmodell jeglicher Bekehrung werden (und findet sich, wenn wir die Zeitungen aufschlagen, noch als Kürzel für die trivialsten Meinungsänderungen), weil sie nicht nur individuell durchgehalten wurde, sondern zugleich universell durchgeschlagen hat. »Das Werk Alexanders des Großen ist zerfallen, das Werk des Paulus ist geblieben« – dieser Satz des großen Theologen Adolf von Harnack läßt die historischen, ja die politischen Dimensionen des Schrittes vom Saulus zum Paulus erkennen.

Jede Zeile in den Briefen des Paulus ist geprägt von dem Gegensatz seines Lebens, jede trägt ihr eigenes Damaskus in sich, jede enthält dieses Moment des Auseinanderklaffens, der Zerreißprobe. Die folgende Passage aus dem Römerbrief ist nur ein besonders dichtes Beispiel für die fortwährenden Umkehrungen: »Denn ich weiß nicht, was ich tue. Denn ich tue nicht, was ich will; sondern was ich hasse, das tue ich. Wenn ich aber das tue, was ich nicht will, so gebe ich zu, daß das Gesetz gut ist. So tue nun nicht ich es, sondern die Sünde, die in mir wohnt. Denn ich weiß, daß in mir, so wie ich von Natur bin, nichts Gutes wohnt. Das Wollen habe ich wohl, aber das Gute vollbringen kann ich nicht. Denn das Gute, das ich will, das tue ich nicht; sondern das Böse, das ich nicht will, das tue ich. Wenn ich aber tue, was ich nicht will, so tue nicht ich es, sondern die Sünde, die in mir wohnt. So finde ich nun folgendes Gesetz: Ich will zwar das Gute tun, bringe aber nur das Böse zustande« (Röm 7,15–21).

VOM SAULUS ZUM PAULUS: Der Schockcharakter der Bekehrung des Saulus wird beglaubigt durch die Schocks, die er über Hunderte von Jahren hin bewirkt hat und heute noch austeilt. Die Hochspannung in diesen Briefen elektrisiert viele Leser. Karl Barth hat das mit einem bewegenden Bild illustriert: Wer sich auf Paulus einlasse, gleiche einem Mann, »der, in einem dunklen Kirchturm sich treppaufwärts tastend, unvermutet statt des Geländers ein Seil ergriffen, das ein Glockenseil war, und nun zu seinem Schrecken hören mußte, wie die große Glocke über ihm soeben und nicht nur für ihn bemerkbar angeschlagen hatte«. Manchem teilen die Briefe des Paulus ein eigenes Damaskus mit und zu; manchem nehmen sie das bisherige Leben.

Augustinus ist das berühmteste Beispiel. Da sitzt er in einem kleinen, von Mauern umfriedeten Garten, ein Mann, der schon lange auf der Suche ist nach neuem Lebenssinn, und hört auf einmal eine Kinderstimme, die ruft: »Tolle, lege, tolle, lege!« (Nimm und lies, nimm und lies!) Und Augustinus hebt das Buch auf, das er beiseite gelegt hatte – ein Konvolut mit Paulusbriefen –, schlägt es beliebig auf und gerät an den Satz aus dem Römerbrief: »Laßt uns ein ordentliches Leben führen, das das Licht des Tages nicht scheuen muß, nicht mit Fressen und Saufen, nicht in Unzucht und Ausschweifung, nicht in Streit und Eifersucht« (Röm 13,13). Da ist er im Augenblick gepackt von dieser Mahnung (die gar nicht sonderlich paulinisch, sondern eher ein bißchen spießig wirkt), wird ein anderer Mensch, eine gotterfüllte Kreatur: Nun erst wächst er empor zum prägenden Kirchenmann Augustinus.

Und dann Luther, der von Paulus, und von Paulus allein, zur Reformation berufen und befähigt wird; der in ihm seinen nicht nur theologischen, sondern auch existentiellen Halt findet. Da hockt der knapp Dreißigjährige, soeben Doktor der Theologie und Professor in Wittenberg geworden, in einem Turmzimmer des Schwarzen Klosters und vernichtet sich fast mit der Frage, wie er denn vor Gott bestehen solle, und entsetzt sich vor dem schaurigen Begriff von der »Gerechtigkeit Gottes«, auf die Paulus immer wieder zurückkommt.

»So tobte ich in meinem wilden und verwirrten Gewissen«, schreibt er später, immer noch bewegt, über diesen Konflikt, »und bemühte mich ungestüm um jene Stelle bei Paulus, von der ich brennend gern gewußt hätte, was St. Paulus wollte. Bis Gott sich erbarmte, und ich, der ich Tag und Nacht nachgedacht hatte, den Zusammenhang der Worte begriff, nämlich: Gerechtigkeit Gottes wird offenbart in dem, was geschrieben steht: Der Gerechte wird aus Glauben leben. Da fing ich an, die Gerechtigkeit Gottes zu verstehen, durch die der Gerechte als durch ein Geschenk Gottes lebt, nämlich aus Glauben heraus ... Und so sehr ich vorher die Vokabel Gerechtigkeit Gottes gehaßt hatte, so viel mehr nun hob ich dieses süße Wort in meiner Liebe hervor, so daß jene Stelle bei Paulus mir zur Pforte des Paradieses wurde.«

Aber eben nicht nur die Pforte des Paradieses weist ihm Paulus, sondern er wird auch Wegbereiter der Reformation, Komplize in einem Konflikt, der als Kirchenkampf beginnt, in den Bauernkriegen seine ersten Menschenopfer fordert und dann, im Namen des rechten Glaubens, ein Jahrhundert lang das christliche Europa in die Barbarei stürzt. »Diese Epistel ist das rechte Hauptstück des Neuen Testaments und das allerlauterste Evangelium«, hatte Luther über den Römerbrief geschrieben, aber gerade er hatte auch dessen furchtbare Paradoxie freisetzen geholfen: »Ich will zwar das Gute tun, bringe aber nur das Böse zustande.«

Ein Satz, dessen Fatalität sich noch ausdehnen läßt auf das Überlebenswerk des Paulus selbst. Mit der Wandlung vom Saulus zum Paulus tat der Mann ja nicht nur sein bisheriges Leben ab, sondern auch fast alles, was bis dahin zu seinem Umkreis, zu seinem Glaubenshintergrund und seinen Tagesdetails gehört hatte. Die Abkehr von *dem* Menschen, der er früher war, hieß auch Abwendung von all *den* Menschen, die früher mit ihm und für ihn da waren, deren Glauben, Gebräuche, Gebete, Rituale er geteilt hatte. Diese Distanz erweiterte sich nicht nur von einer individuellen zu einer prinzipiellen, von einer spontanen zu einer dogmatischen Kluft, sie brach im Laufe der Jahrhunderte auseinander zu jenem mörderischen

Abgrund, in den ein ganzes Volk gestürzt worden ist. Wenn Paulus es ist, der das Kreuz in seiner paradoxen Symbolik als Zeichen der neuen Religion aufgerichtet hat, wenn er es ist, der die Trennung zwischen Judentum und dem neuen Glauben hat einreißen lassen, dann muß er sich auch verstehen lassen als ein Urheber jener Judenfeindlichkeit, die schon bald ein Grundelement des Christentums geworden war. Der Schritt vom Saulus zum Paulus, das ist, obgleich unmeßbar, ein Stück auf dem Weg von Damaskus nach Auschwitz. Kein Gott ist offenbar so leicht zu begreifen wie ein Feindbild. Keine Liebe stärkt die Menschen so sehr wie gemeinsamer Haß. Und keine Religion bleibt so konsistent, wie wenn sie sich als die fortwährende Revision eines Prozesses ereignet, der an einem Freitag in der Antike stattgefunden hat.

Vom Saulus zum Paulus: Der Dualismus dieser Redensart spiegelt sich noch in den kontrastierenden Benennungen und Urteilen, mit denen die Nachwelt ihn bedacht hat und bedenkt. Er ist der Heilige Paulus und »der böse Dämon des Christentums« (Schack). Man hat den Prediger, der das Hohelied der Liebe im Neuen Testament geschrieben hat, als »das Genie im Haß, in der Vision des Hasses« bezeichnet (Nietzsche). Trotz seiner Weisung »Seid untertan der Obrigkeit« hat man ihn zum »größten Umstürzler aller Zeiten« erklärt (Ben-Chorin). Man gibt ihm so verklärende Beinamen wie »Dichter Gottes« (de Pascoaes) und so sarkastische wie »Apostel der Vorhaut« (bei Graetz). Dem einen ist er »der Schutzheilige des Denkens im Christentum« (Schweitzer), einem anderen »ein völlig Unberufener« (Lagarde). Für George Bernard Shaw war er »ein verbohrter römischer Rationalist«, Walter Rathenau rühmte ihn »als einen tief empfindenden Menschen«. Rudolf Augstein nannte ihn einen »der ganz großen Neuentwerfer der Geschichte wie Marx und Freud«.

Wie bekommen wir ihn zu fassen?

Pinchas Lapide

An Paulus von Tarsus

Ein Brief

Lieber Paulus!

Gestern sprach ich mit einem Gastsassen – heute nennt man sie Gastarbeiter – aus Deiner Vaterstadt Tarsus, die jetzt zu einem Land gehört, das man die Türkei benennt. Ich muß Dir berichten, daß Deine Stadt an sich so gut wie bedeutungslos geworden ist. Allerdings steht und fällt sie mit der touristischen Vermarktung des Gedenkens an Dich! Es gibt jetzt traumhafte Reisemöglichkeiten, nicht nur mit den Dir vertrauten Reittieren und Kutschen, sondern auch mit Dampfmaschinen und Luftschiffen. Si habuisses ... Wenn Du nur die Hälfte dieser Verkehrsmittel zur Verfügung gehabt hättest, wen hättest Du nicht alles für den Gott Israels missioniert?! Auf diesem Gebiet gibt es auch heute noch eine Menge Aktivisten im christlichen Lager. Aber das Missionsgeschäft steckt in einer schweren Krise. Jahrhundertelang haben sie – auch in Deinem Namen – mit Feuer und Schwert bekehrt, heutzutage aber haben Götzen aller Art wieder die Oberhand gewonnen.

Und dennoch: In jeder Stadt des Abendlandes gibt es Gebets-Paläste, die man »Kathedralen« nennt. Sehr oft tragen sie Deinen Namen. Und jetzt höre und staune: Heilig haben sie Dich gesprochen! Aber die größte Überraschung blüht Dir noch. Vielerorts hat man Dich und Deinen Erzkonkurrenten Petrus, den alten Fischermann, zusammengekoppelt und die Kathedrale dann auf St. Peter und St. Paul getauft! Leider aber kann man nicht behaupten, daß diese Bethäuser (ganz wie unsere Synagogen) von Betern überlaufen sind, obwohl die Innenausstattung auf hohem künstlerischen Niveau steht. Es wimmelt nur so von Statuen und Gemälden von Dir, obwohl Du und ich wissen, daß »Du Dir kein Bildnis machen sollst«, wie es in den »Zehn Geboten« heißt.

Diese »Zehn Gebote« sind so ungefähr das einzige, was allen Hunderten von christlichen Konfessionen im Prinzip gemeinsam geblieben ist. Gepredigt wird in den Kirchen häufig unter Bezugnahme auf Dich, wobei es so manchem Pfarrer ergeht wie Dir in Troas, als Eutychos während Deiner Predigt eingeschlafen ist. Allerdings gab es seither erfreulicherweise keinen Fall mehr, wo einer wie er dabei zum Fenster herunterfiel und »seinen Tod fand« (Apg 20,9–11). Welch ein Glück! Denn etliche der heutigen Pfarrer tun sich mit langweiligen Predigten oft leicht; aber die Wiederbelebung von Toten will ihnen nicht so recht gelingen – wie Dir damals bei Eutychos.

Von all Deinen vielen Reisen hat Dein Besuch in Korinth wohl die schwerwiegendsten Folgen für alle christlichen Frauen. Die Männer beziehen sich nämlich mit Genugtuung auf Deinen Aufschrei: »Das Weib schweige in der Kirche!« (1 Kor 14,34) Ich bin der Meinung, daß Du nie die Absicht hattest – wegen Deines Ärgers mit ein paar Frauen in Korinth –, für alle Orte und Zeiten den Frauen das Wort in der Kirche zu verbieten. Doch da hast Du es! So ergeht es einem, wenn man als Heiliger ständig beim Wort genommen wird.

Nicht viel hat gefehlt, und man hätte Deinen Mantel und die paar Bücher, die Du in Troas vergessen hast (2 Tim 10,13), zu heiligen Reliquien erklärt und ihnen einen Schrein gebaut. Doch trotz Deiner Popularität bist und bleibst Du eine der mißverstandensten Gestalten des Neuen Testaments. Dieses ist noch obendrein häufig falsch übersetzt worden. Ich habe festgestellt, daß es sich dabei teils um fehlerhafte Übertragungen Deiner oft markigen Aussprüche handelt, aber genauso oft auch um »Hinein-Lesungen« in den Text von seiten etlicher Christen, die eigentlich »Paulinisten« heißen sollten. Im übrigen hast Du ja nie auf Deinen schönen Königsnamen SCHAUL verzichtet, sondern Dir lediglich den Parallelnamen Paulus für Deine Reisen in der Heidenwelt zugelegt. Ähnlich verfahren viele fromme Juden bis auf den heutigen Tag. Traurig stimmt mich aber das deutsche Sprichwort: »*Ein Saulus wurde zu Paulus*« – will sagen: Ein Verbrecher wurde anständig! Das hast Du wirklich nicht verdient!

Laß uns zu Deinem Damaskus-Erlebnis kommen. Alle Welt spricht von Deiner angeblichen dortigen *Bekehrung*. Ich aber frage Dich: Von wo und wohin soll diese Bekehrung eigentlich stattgefunden haben? Wo doch das Wort »Bekehrung« im Zusammenhang mit Deinem Erlebnis überhaupt nicht vorkommt? Mehr noch: Du verwendest diesen Ausdruck in *keinem* Deiner Briefe, was für mich Bände spricht! Was also geschah dort auf der Straße nach Damaskus? Du sagst ja selbst, Gott habe Dich »durch seine Gnade *berufen* und Dir eine Mission an die Heiden gegeben« (Gal 1,15–16).

An Deinem gläubigen Judesein hat also diese *Berufung* nicht das geringste geändert, auch wenn Du Jesus von Nazareth für den Messias Israels gehalten hast! Schließlich glaubte ja auch der große Rabbi Akiba um das Jahr 133, daß ein gewisser Bar-Kochba der Messias Israels sei. Bar-Kochba ist leider auch gescheitert, und Rabbi Akiba, der sich also geirrt hatte, wurde genau wie Du von den Römern zu Tode gefoltert. Als großer Jude und Lehrer gilt er bis auf den heutigen Tag. Zwischen Akiba und Dir bestehen allerdings erhebliche theologische Differenzen, die Du vielleicht im Laufe der Jahrhunderte im Jenseits mit ihm persönlich durchdebattieren konntest. So hast Du z. B. Deinen Messias auch als »Sohn Gottes« verkündigt, was Akiba mit Bar-Kochba nie getan hat. Es stimmt doch, daß Du den »Sohn Gottes« in der *hebräischen* Bedeutung im Sinne hattest, wie Du es bei Deinem Lehrer Rabban Gamaliel gelernt hast? Damit hast Du keinen Verstoß gegen das Judentum begangen, da ja dieser Begriff jemanden bezeichnet, der makellos in den Wegen der Torah wandelt. Genauso hat es auch Rabbi Jesus in seiner

Bergpredigt ausgedrückt (Mt 5,45). Erst als dieser Begriff ins Griechische übertragen wurde, bekam er den im heutigen Christentum geläufigen, ganz anderen Sinn. Wie Du merkst, habe ich mich ganz intensiv mit Dir und Deinem Werk befaßt.

Streitbar und umstritten warst Du ja zeitlebens, wie wir aus Deinen Briefen leicht entnehmen können, wo Du Deine diversen Gegner ganz wüst und unheilig beschimpfst: als »Tempelräuber und Ehebrecher« (Röm 2,22f.), als »Zerschnittene und Kastraten« (Gal 5,12), als »Lügner« (1 Tim 1,10) und manches andere mehr. Ich verteidige Dich, so gut es geht, indem ich diese Wutausbrüche Deinem orientalischen Temperament und Deinem Missionseifer zuschreibe. Besonders fasziniert mich Dein Dauerzwist mit Deinem Kollegen Simon Kepha, der nun als Petrus ebenfalls weltberühmt ist und genau wie Du als »heilig« verehrt wird. Ich will Dich nicht aufregen, aber mir scheint, daß er es noch ein Stückchen weitergebracht hat als Du, indem er und seine Nachfolger zu Stellvertretern Eures Rabbis für alle Zeiten ernannt wurden.

Weit gebracht habt Ihr zwei Juden es jedenfalls! Mir ist es klar, daß Du in der Debatte mit der Urgemeinde im Hintertreffen bleiben mußtest, weil Du den irdischen Jesus selbst persönlich nie gekannt hast. Die anderen aber zogen mit ihm jahrelang durch das Land und konnten seine Lehren mehr oder weniger auswendig zitieren. Ist es denkbar, lieber Paulus, daß Du deshalb den nachösterlichen Jesus so häufig hervorhebst und dem irdischen bzw. historischen Jesus nur die zweite Geige überläßt? Über anderthalb Jahrtausende ging die Kirche diesbezüglich in Deinen Fußstapfen und entdeckt erst jetzt wieder den irdischen Rabbi Jesus, der ja als Jude geboren, beschnitten und erzogen wurde und zeit seines Lebens dem Glauben seiner Väter die Treue hielt, bis er für sein Volk und seinen Glauben von den Römern ans Kreuz geschlagen wurde.

Wir lesen im Neuen Testament, daß Du auf all Deinen

Reisen immer zunächst in die Synagogen vor Ort gingst und danach zu den »Gottesfürchtigen«. Du wirst entsetzt sein zu erfahren, daß man heute kaum mehr weiß, *wer* diese Leute waren. Aus unserer jüdischen Überlieferung kennen wir sie aber recht gut als Menschen, die schon zu Deiner Zeit im ganzen Mittelmeerraum dem Götzendienst abgeschworen hatten, unterwegs zum Judentum waren und die »Sieben Noachidischen Grundgebote« bereits auf sich genommen hatten. Nur ein einziges Mal gingst Du aber, nämlich in Athen, zu Vollheiden, um ihnen zu predigen. Im Vertrauen gesagt: Ich werde es nicht weitererzählen, daß Du dort nur sehr geringen Erfolg hattest (Apg 17,16ff.). Können wir also davon ausgehen, daß Dein Anliegen eigentlich die Verbreitung einer Art von Reformjudentum – mit Jesus als Messias – war? Jesus selbst, wie Du sicher weißt, wollte ja nie, bis auf wenige Ausnahmen, zu den Heiden gehen (Mt 15,24) und war ein ausgesprochener Torah-Verschärfer.

Apropos, hast Du je die hebräische Urschrift der Evangelien gesehen? Uns sind leider nur spätere griechische Übersetzungen erhalten geblieben, die zwischen den Jahren 70 und 100 niedergeschrieben wurden, also lange nach Deinem Tod. Ich plage mich seit geraumer Zeit sehr, mehrere grobe Übersetzungsfehler aufzuklären, die im Laufe der Jahrhunderte zu bösen Vorurteilen, ja sogar zu Verfolgungen von seiten der Christen gegen Deine und meine Brüder und Schwestern geführt haben. Demnächst werde ich Dir über drei Dutzend Beispiele dieser Art unterbreiten.

Zurück zu Deiner *Sendung* im Mittelmeerraum. Erstens: Ohne das *kleine Ja* zu Jesus als Messias von etlichen Tausenden von Juden, die ihn begeistert annahmen, einerseits und ohne das *große Nein* der meisten Juden andererseits, die ihn zwar als Lehrer, als Prophet oder als Rabbi liebten und schätzten, ihn aber nicht als Messias in einer so unerlösten Welt anerkennen konnten, wärst Du wohl nie auf Deine Missionsreisen in die halbe Welt gegangen. Oder irre ich da? Oder wärst Du auf jeden Fall gegangen, da zwischen Dir und der Jerusalemer Urgemeinde unter der Führung von Petrus und Jakobus die Spannungen doch recht unerträglich geworden waren? Zweitens: Die große Katastrophe der Zerstörung Jerusalems und die Vertreibung der Juden durch die Römer geschah im Jahre 70 nach neuer Zeitrechnung, lange nach Deinem Ableben. Da konnte man keinen jüdischen Messias am Römerkreuz mehr im römischen Weltreich verkündigen.

Da bekanntlich in jenen Kriegswirren auch die Jerusalemer Urgemeinde verschollen ist, wurde der Mittelmeerraum allmählich ein heidenchristliches Gebiet. Hast Du Dir das so vorgestellt? In der Rückschau darf man annehmen, daß ohne die Zerstörung Jerusalems dieselben Heiden zu Judenchristen oder zu halbjüdischen Jesuanern geworden wären. Fest steht, daß zu Jesu Lebzeiten seine ganze Bewegung innerjüdisch und torahtreu war und geblieben ist.

Das Heidenchristentum aber hat sich inzwischen vom jüdischen Glauben Jesu abgesetzt, hat eine Menge von Heiden in aller Welt missioniert, sich selbständig gemacht und unter dem Namen »Christentum« die halbe Welt erobert. Nicht wenige dieser Christen hegten im Laufe der Jahrhunderte eine ganz unbiblische Schadenfreude über die Zerstörung Jerusalems, die sie als Strafe Gottes für die jüdische »Ablehnung« Jesu deuten wollten. Könntest Du da nicht einmal mit einem großen Donner dazwischenfahren und daran erinnern, daß alle Propheten Israel gerügt und gemahnt und mit Tempelzerstörung gedroht hatten – aus Sorge und Kummer wegen seiner gelegentlichen Sünden? Dieselben Propheten – Jesus und auch Du – betonen aber immer wieder auch die ungekündigten Gnadenbünde desselben Gottes mit demselben Volke Israel, was von besagten Christen gerne unter den theologischen Teppich gekehrt wird!

Zu einem anderen Thema, lieber Paulus! Jahrhundertelang hat man Dich im Judentum verketzert oder totgeschwiegen, während Christen alles dazu taten, um Dich – der Du Dich als »Jude« (Apg 22,3), als »Hebräer« (Apg 26,5) und als »Pharisäer« (2 Kor 11,22) zu erkennen gabst – Deinem Volke zu entfremden! Genauso haben sie es ja auch mit Jesus von Nazareth getan. Erst in unseren Tagen kommt es zu »Heimholungsversuchen« des Nazareners, der meiner Meinung nach nie fortgegangen war, in sein Judentum. Ebenso beginnt ein keimendes Verstehen unter Juden für Deine oft widersprüchlichen Anliegen. Das fällt heutzutage leichter, weil es jetzt einerseits wieder einen Judenstaat gibt und eine weltweite Diaspora andererseits – ganz wie in Deinen Tagen. Schade, daß Du die großen jüdischen Reformsynagogen in Amerika nicht besuchen kannst; ich glaube, Du würdest Dich dort ganz zu Hause fühlen. Doch damit kein Mißverständnis zwischen uns aufkommt: Juden sind sie allemal geblieben, und an eine Vermischung von Judentum und Christentum denkt kein Mensch in beiden Lagern.

Ein Riesenhuhn hätte ich jedenfalls noch mit Dir zu rupfen: Deine sehr zwiespältige Einstellung zur Torah, die Du einerseits als »heilig und gerecht und gut« bis in den Himmel lobst (Röm 7,12), aber andererseits als »zur Sünde führend« (Röm 7,13) bezeichnest – und dann vom »Fluch des Gesetzes« (Gal 3,13) sprechen kannst. Zu guter Letzt aber beteuerst Du mit Nachdruck: »Heben wir durch den Glauben das Gesetz auf? Keineswegs, wir bringen das Gesetz zur Geltung!« (Röm 3,31) Hast Du geahnt, mein lieber Benjaminite, daß die Christenheit, sich auf Dich beziehend, fast alle Gebote der Torah als nicht mehr gültig erklären würde? Diese Deine Zerrissenheit haben Juden nie verstehen können. Es sei denn, wie ich erwäge, daß Du beim Lob in der Tat die *Torah insgesamt* meintest, während Du bei der Abwertung des »Gesetzes«, wie Du es auf griechisch nennst, an *etliche Auslegungen* Deiner rabbinischen Kollegen dachtest, mit denen Du im Clinch warst. Diesen Fragen will ich demnächst nachgehen. Rabbinenstreit um der Auslegung willen übrigens gibt es bis auf den heutigen Tag in Hülle und Fülle; das Pech ist aber, daß Deine Schimpfworte von den Christen falsch verstanden, verabsolutiert und dann noch heiliggesprochen worden sind! Fest steht jedenfalls, daß Du den *Glauben Jesu* in einen *Glauben an Jesus* umfunktioniert hast. Hier, mein lieber Freund, ist vielleicht des Pudels Kern, der zum Auseinandergehen der Wege führen mußte!

Doch jetzt kommen wir zur Gretchenfrage: Wie hältst Du's mit den Frauen? Zu Antijudaismus, nämlich in gewissen feministischen Kreisen heute, hat Deine seltsame Einstellung zu den Töchtern Evas geführt. Wie konntest Du behaupten, daß die Frau »lediglich ein Abglanz des Mannes sei« (1 Kor 11,7) und daß »die Frauen sich unterordnen sollen« (1 Kor 14,34)? Weiterhin empfiehlst Du, »daß ein Mann keine Frau berühre« (1 Kor 7,1) und daß er »am besten nicht heirate« (1 Kor 7,7). Das ist längst nicht alles Negative, was Du über das »schwächere Geschlecht«, wie Du es nennst, zu sagen hast. Wärst Du so lieb, den Feministinnen, die uns Juden all diese Aussagen in die Schuhe schieben, vielleicht in einer kleinen Vision z. B. klarzustellen, daß all dies *Dein eigenes Sondergut* ist, das keineswegs der Torah oder der rabbinischen Lehrmeinung entspringt?

Viel Kopfzerbrechen hat mir und anderen Dein Rat im Römerbrief (13,1–5) gemacht, blindlings *jeder* Obrigkeit untertan zu sein, da »sie von Gott komme«. Du kannst doch nicht gemeint haben, daß z. B. Polen sich nicht vom russischen Joch befreien dürfe oder daß man gegen Hitler keinen Widerstand hätte leisten sollen? Und was soll für die Befreiungstheologen Leonardo Boff, die Brüder Cardenale und viele andere in Lateinamerika gelten, die alle fromme Christen sind? Ich versuche Dich zu verstehen: Du hast für einen bestimmten Ort zu einer bestimmten Zeit geschrieben, nämlich für die junge, schwache Gemeinde in Rom zu Deinen Lebzeiten, die noch viel zu klein und unorganisiert war, um Widerstand gegen das Weltreich zu wagen. Du warst doch viel zu klug, um einen solch spezifischen Ratschlag für alle Orte und alle Zeiten verewigen zu wollen! Genau das aber hat die Kirche später mit diesen und Deinen anderen Worten getan.

Nach dieser Schelte laß mich nun gleich ein Bündel von Lanzen für Dich brechen. Was ich und viele andere mit mir Dir hoch anrechnen, ist, daß Du in Deinem letzten Brief, den man wohl als Dein Vermächtnis erachten darf, in den Kapiteln 9–11 des Römerbriefes also, eindeutig festhältst, daß »alle Bündnisse« Gottes natürlich dem Volk Israel für immer gehören (Röm 9,4–5) und daß Gott sein Bundesvolk niemals »verstoßen noch verworfen hat« (Röm 11,1). Und nicht zuletzt, daß Gottes Berufung und Verheißungen an ganz Israel »unwiderruflich und unbereubar« sind und bleiben (Röm 11,29).

Obwohl der Rabbi von Nazareth viel mehr verstand von Ackerbau und Botanik als Du, der Du ja ein Stadtmensch warst, dessen Gleichnisse von Großstadtbildern wimmeln, gefällt mir immer wieder Dein mahnendes Gleichnis vom Baum und den Wurzeln: »Nicht Du trägst die Wurzel«, so schärfst Du den Heidenchristen ein, »sondern die Wurzel [Israel] trägt Dich« (Röm 11,18). Ein Glück, lieber Rabbi von Tarsus, daß Du zwar vor Heiden kaum je gepredigt hast, dafür aber so wichtige Aussagen ihnen ins Stammbuch schriebst.

Was immer man Dir auch vorwerfen mag, bleibt es Dein unsterbliches Verdienst, daß Du – und später viele andere in Deinem Namen – die Botschaft vom Gott Israels in alle Ecken der Welt verbreitet hast. Wer weiß, ob ohne Deinen gewaltigen Einsatz die Leute hierzulande nicht heute noch dem Wotan und der Freya Pferdeopfer auf der Godesburg darbringen würden?

Lieber Paulus, der Brief wird bald zu lang. Dies war ja nur ein Gabelbissen aus dem Menü von Themen und Fragen, die ich liebend gern mit Dir erörtern möchte. Brennend interessiert mich auch folgender Fragenkatalog:

- Wie viele Christologen kanntest Du? Und welche davon würdest Du der heutigen Christenheit (als einigendes Band in ihrer Gespaltenheit) empfehlen?
- Was trieb Dich eigentlich »nach Arabien« (Gal 1,17), das ja zu Deiner Zeit eine fast unbewohnte Einöde war? Nach Rekonstruktion Deiner Missions- und Studienreise glaube ich, diesem Reiseziel und Deinem Anliegen dort auf die Spur gekommen zu sein.
- Was meinst Du mit Deinem »Stachel im Fleisch« (2 Kor 12,7), den Du »des Satans Engel« benennst (2 Kor 12,7)? Ich mache mir da so meine Gedanken ...
- Warum hast Du Deinen Gehilfen Timotheus beschnitten (Apg 16,3), wo Du doch den Galatern verkündigst, daß »in Jesus weder Beschneidung noch Unbeschnittenheit etwas gelten« (Gal 5,6)? Hier ist ein Widerspruch, und außerdem muß ich Dir mitteilen, daß dieses Ereignis im Leben Jesu so wichtig für das ganze Abendland geworden ist, daß man das Neujahrsfest überall am 1. Januar feiert, nämlich am Tag seiner Beschneidung. Wohlgemerkt, nicht sein Geburtstag, der 24. Dezember, wurde also zum Tag der Jahreswende aller Christen.
- »Grüßet den Andronikus und den Junias, meine Stammverwandten ... welche berühmte Apostel sind und vor mir in Christus waren.« So schreibst Du im Römerbrief (16,7). Ich habe recherchiert und festgestellt, daß es im Griechischen keinen Männernamen *Junias* gibt, wohl aber einen Frauennamen *Junia.* Ist es denkbar, daß die spätere Männerkirche dieser *Apostelin* ein S angehängt hat, um sie zu vermännlichen? Meine Fragen: Waren Andronikus und Junia etwa gar ein apostolisches Ehepaar? Ferner: Gab es eventuell noch mehr *Apostelinnen*?
- Wie kommt es, daß weder der als Verräter verleumdete Judas noch der angebliche Prozeß Jesu vor dem Hohen Rat bei Dir auch nur mit einem Sterbenswörtchen Erwähnung finden? Hast Du nichts davon gehört? In An-

betracht der schwerwiegenden Folgen, die der »Verrat« und der »Prozeß vor dem Synedrion« bis heute zeitigen, finde ich Dein Schweigen sehr beredt!

– Gehe ich richtig in der Annahme, daß Du häufigen Gedankenaustausch mit damaligen jüdischen Proto-Kabbalisten pflegtest? Die mystische Tendenz in etlichen Deiner Briefe legt diese Vermutung nahe.

Der Fragen ist kein Ende, wie Du siehst – *an dich* und *über dich*. Da der Rabbi von Nazareth schon empfohlen hat: »Die Wahrheit macht euch frei«, habe ich mir erlaubt, lieber Paulus, Deine himmlische Ruhe mit meiner Wißbegierde zu stören. Ich glaube, mich da in sehr guter Gesellschaft zu befinden, denn bereits im zweiten Petrusbrief des Neuen Testaments wird geklagt, daß »so manches in den Briefen des Paulus schwer verständlich sei« (2 Petr 3,16).

In herzlicher Verbundenheit
und mit brüderlichem Schalom
grüßt Dich

Dein Pinchas

Lucie Stapenhorst

Bruder Paulus

Dröhnendes Erz und lärmende Pauke

Entschuldige, Paulus, daß ich Deine Ruhe störe (hast Du sie gefunden?). Aber Du selbst hast mich angehalten, die Männer zu fragen, wenn ich etwas wissen will: »Wenn sie [die Frauen] etwas wissen wollen, dann sollen sie zu Hause ihre Männer fragen« (1 Kor 14,35a). Obwohl Du so Deine Bedenken hast, ja eigentlich in Abrede stellst, daß ich jemals zur Erkenntnis komme, trotz meiner Wißbegier (»... Frauen, die immer lernen und doch nie zur Erkenntnis der Wahrheit gelangen können«, 2 Tim 3,7). Fragen bedrängen mich. Stehst Du mir Rede und Antwort?

Zunächst staune ich, wie unbekümmert Du Dich »Apostel« nennst, obwohl Du gar nicht die Bedingung erfüllst, die laut Petrus ein Apostel zu erfüllen hat: Er muß Jesus begleitet haben von seiner Taufe bis zu seiner Himmelfahrt (Apg 1,21–23), und obwohl es bereits zwölf Apostel gibt, die symbolisch für die zwölf Stämme Israels stehen. Wenn die Zahl zwölf überschritten werden durfte, warum konnten dann die Frauen sich nicht ebenso unbekümmert wie Du zu den Aposteln zählen, ja noch unbekümmerter, da sie die Forderung des Petrus erfüllten: Sie *waren* von Galiläa bis zur Himmelfahrt mit Jesus zusammen (Mk 15,41). Sie waren sogar auf Golgata bei ihm, als alle Jünger davongelaufen waren. Als einzige standen sie kontinuierlich in der Nachfolge Jesu und trugen ihre Hoffnungen trotz Kreuzerfahrung über das Grab hinaus der Auferstehung entgegen. *Ihr* Glaube ist das zwar nicht offiziell anerkannte (1 Kor 15), aber tatsächliche Fundament der Kirche.

Du berufst Dich auf Deine Offenbarung und Deinen Verkündigungsauftrag? Auch den Frauen hat sich der Auferstandene offenbart und ihnen die Verkündigung aufgetragen, wie alle Evangelisten einhellig bezeugen.

Wenn Du Dich in diesem Zusammenhang als »Mißgeburt« bezeichnest, könnten sie sich die »Erstgeborenen« nennen, denn ihnen erschien Jesus *vor* allen anderen.

Warum wurde keine von den Frauen im Verlauf der Kirchengeschichte als Apostelin anerkannt, nicht einmal Maria von Magdala, während Du sogar zum Apostelfürsten avanciertest? Aber diese Frage hast nicht Du zu beantworten. Ich fürchte, ich kenne die Antwort: Weil Du etwas aufzuweisen hast, was den Frauen abgeht – Männlichkeit! Die wiegt schwerer als drei Wanderjahre, das Leiden unter dem Kreuz und die Erfahrung am Grab. Die läßt auch Deine Christenverfolgungen vergessen (Gal 1,13). (Wegen ihrer fehlenden Männlichkeit wurde die Apostelin Junia, die Du in Deinem Brief an die Römer grüßen läßt [16,7], in den Apostel Junias umgewandelt; wußtest Du das, Paulus?)

Deine Frohe Botschaft beginnst Du im Römerbrief mit der Ankündigung des Zornes Gottes für alle Gottlosen. Sie sind unentschuldbar, denn ihnen allen hat Gott sich offenbart. (So argumentieren auch die Zeugen Jehovas.) Und da sie nicht Deinen Gottesglauben teilen, sind sie böse – mich schaudert's richtig, wenn ich ihren Sündenkatalog lese! Mit solchen Menschen braucht sich natürlich niemand mehr auseinanderzusetzen. Die gehören vernichtet (1,32)! Zum Beispiel vertauschen sie den natürlichen Verkehr mit dem widernatürlichen, und Männer treiben es mit Männern. Ich frage mich und Dich: Wie kommt es, daß auch Christen und Christinnen, die doch den *rechten* Glauben haben, homosexuell bzw. lesbisch sind?

Deine Aussagen zu Beschnittenen und Unbeschnittenen sind sicher von Bedeutung für die Aufarbeitung des belasteten christlich-jüdischen Verhältnisses.

Ich erfahre mehr von Deiner Frohen Botschaft in Römer 3, und zwar daß eigentlich alle Menschen Sünder sind, daß auch die Rechtgläubigen sich nicht vor dem Zorn Gottes in Sicherheit wiegen können. Sie können sich nicht damit beruhigen, daß ihre Untreue Gottes Treue nicht aufhebt und sich an ihrer Ungerechtigkeit seine Gerechtigkeit zeigt.

Du entwirfst ein Menschenbild, mit dem ich mich nicht identifiziere; denn *ich* suche Gott. Ich meine auch, daß ich zu etwas tauge und hin und wieder Gutes tue. Ich sage nicht nur Gehässigkeiten. Und mich treibt es überhaupt nicht dazu, Blut zu vergießen. Ich glaube, daß ich meinen Kindern und manchen anderen Menschen mehr Leben und Glück bringe als Verderben und Unheil. Und die Gottesliebe steht mir immerzu vor Augen. Und das Gebot Jesu, *mich* zu lieben.

Du bist doch Jude, Paulus, und kennst den Schöpfungsbericht Genesis 1. Wie bringst Du Deine These vom sündigen Menschen in Einklang mit Gottes Feststellung, daß der Mensch »sehr gut« ist? Wer irrt hier? Du wirst sagen: Der Mensch *war* gut, aber er hat gesündigt (bzw. nur sie, vgl. 1 Tim 2,14) und wurde aus dem Paradies vertrieben. Dem Schöpfungsmythos Genesis 1 (eine selbständige Quelle) folgt aber keine Sündenfallgeschichte. Das »sehr gut« wird nicht zurückgenommen. So wie der Mensch geschaffen ist, wird er akzeptiert und zum Partner und zur Partnerin Gottes. – Aber mit Genesis 1 schien Deine Heilige Schrift nicht anzufangen.

Da ich mich nicht als so abgrundtief schlecht erlebe, brauche ich nicht die grausige Vorstellung, daß der wegen meiner Sündigkeit erzürnte Gott das Blut seines Sohnes verlangt als Sühne. Von Dir höre ich, daß ich nicht nur absolut böse bin, sondern auch absolut unfähig, mich von meinem bösen Tun zu lösen. Ein anderer muß für meine Sünden sterben, damit mir von meinem Gott Hilfe kommt. Auf meinem ohnehin überzogenen Schuldkonto ist nun noch ein Mord zu verbuchen; denn dieser Mord an Jesus geht ja wohl auf mein Konto, wenn er wegen meiner Schlechtigkeit passieren mußte. Dieser drückende Schuldenberg ist mein Startkapital fürs Leben.

Jesus vermittelt mir: Du bist geliebt, so wie du bist. Komm und laß dich lieben. Dem verlorenen Sohn brauchte niemand den Weg zum Vater zu ebnen. Niemand lief ihm voraus, um den Vater versöhnlich zu stimmen durch Opfer, Geschenke, gute Werke. Im Gegenteil, der Sohn hatte einen *schlechten* Fürsprecher in seinem Bruder. Aber auch dessen Vorwürfe konnten den Vater nicht hindern, den Sohn zu lieben und ihm die Symbole der Kindschaft zu überreichen. Weder brauchte er sich zuerst hochzudienen, noch brauchte er einen Bürgen. Sein Startkapital ins Leben war die Liebe Gottes.

Die Möglichkeit, schlecht zu sein, klammert Jesus nicht aus. Aber für ihn ist der Mensch nicht ohnmächtig seiner eigenen Schlechtigkeit ausgeliefert. Er kann von sich aus den Schritt auf Gott zugehen, aus seiner tiefen Schuldverflochtenheit heraus, in dem Wissen: Ich bin geliebt.

Schade, daß Du Jesus nicht begegnet bist. So konntest Du ihn auch nicht rufen hören: »Kehrt um!« *Er* fordert uns auf, auf Gott zuzugehen. *Du* willst uns in Passivität verharren und auf die Gnade warten lassen. Für Jesus sind wir Mündige, die von sich aus eine Beziehung zu Gott aufnehmen. Für Dich sind wir Unmündige, die unfähig sind, das gestörte Verhältnis zu Gott zu »entstören«. Wir können nur darauf vertrauen, daß das ein anderer für uns erledigt. Statt der aktiven Umkehr des Menschen zu Gott (jüdisch und jesuanisch) predigst Du die passive Erlösung, die von Gott ausgeht. Damit spielst Du der Amtskirche als Stellvertreterin Gottes und Verwalterin der Gnaden *das* Machtmittel in die Hand. Zum Beispiel wird heute die Kommunion, das Symbol für das Liebesmahl Jesu mit den Sündern, als Disziplinarmaßnahme besonders für Straftäter/innen im Bereich der Sexualität angewandt: Exkommunikation für wiederverheiratete Geschiedene, für in »wilder Ehe« Lebende, für Homosexuelle, die ihre Sexualität leben. Früher eignete sie sich als Druckmittel im Kampf mit politischen Gegnern. Jesus reichte auch Judas das Brot, wie Du gehört haben wirst.

Ich verstehe, daß Dich Dein schlechtes Gewissen plagte. Immerhin hast Du der Kirche zu ihren ersten Märtyrern verholfen. (Verfolgen Dich die Schreie der Gequälten?) Dein Prozeß hat nie stattgefunden. Aber einem anderen wurde der Prozeß gemacht, und ich verstehe nicht, daß Dich sein qualvoller Tod froh macht, weil Dich sein Blut von Deinen Sünden reinwäscht. Unrecht wird durch Unrecht gesühnt. Wer sühnt nun das unschuldige Blut Jesu? Niemand. Denn diesen Mord hat ja Gott selbst angeordnet. Du bist wahrhaftig ein großer Kirchenlehrer, Paulus. Du machst allen Bösewichtern ein gutes Gewissen, wenn sie nur glauben, daß Gott Blut fordert als Sühne, das Blut seines Sohnes Jesus.

Dein Jesus wirkt auf mich recht farblos, eher marionettenhaft als selbsthandelnd. Gott zieht an seinen Fäden: Er offenbart ihn, er opfert ihn, er weckt ihn auf. Jesus scheint nur gekommen zu sein, um zu sterben. Dir fehlt einfach, wie gesagt, die persönliche Begegnung mit ihm: Du hörtest ihn nicht mit Vollmacht lehren. Du erlebtest nicht, wie auf sein Gebot hin das tobende Meer still ward. Du sahst ihn nicht die Händler aus dem Tempel treiben. Du trafst ihn nicht an am Jakobsbrunnen mit der Samariterin. Dieser Anblick hätte Dir wirklich not getan und vielleicht die Weltgeschichte grundlegend anders verlaufen lassen. Du hättest Dir über ihn erzählen lassen können; aber Du brüstest Dich damit, daß Du keinen Rat von Menschen angenommen hast und daß Du dem Petrus und Jakobus erst drei Jahre nach Deinem Damaskus-Erlebnis (Gal 1, 15ff.) und den anderen erst vierzehn Jahre später begegnet bist (Gal 2,1). Dir genügte *Deine* Erkenntnis, und Dein wahrer Kontrahent ist und bleibt Gottvater.

Ich würde mich freuen, wenn Jesus länger gelebt hätte, da für mich nicht sein Blut, sondern seine Taten und Worte das Leben und Heil bedeuten. Ich denke, auch den Menschen seiner Umgebung war sein Leben wichtig – nicht sein Tod. Sie brauchten seine Nähe – nicht sein Blut. Sie wurden schon zu seinen Lebzeiten heil und gesund, sehend, aufrecht, sündenfrei.

Ach, Paulus, Du hast zwar die Liebe besungen

(1 Kor 13), aber ich fürchte, Du hast sie nie erlebt, diese Liebe ohne Vorleistungen, mit der Jesus dem Zachäus begegnete, trotz dessen Betrügereien. Er hat nicht zuerst eine großartige Wiedergutmachungsaktion von ihm verlangt, bevor er bei ihm einkehrte. Diese Liebe zu den Sündern war Dir fremd. Du wolltest sie dem Satan übergeben (1 Kor 5). Jesus setzte sich mit ihnen an einen Tisch. Du, Paulus, warst nur fähig zur Liebe zu den Brüdern, zu den Linientreuen. Deine Liebe schwört ein auf ein bestimmtes Programm, und alles anders Programmierte wird ihr zur Bedrohung.

Jesus *lebte* für die Menschen. Er starb, weil gewisse Menschen fürchteten, daß Menschen sich tatsächlich ändern und seinem Umkehrruf folgen und nach seinem Konzept leben könnten. Das hätte *ihr* Konzept umgeworfen. Und Gott? Warum sollte es ihn versöhnen mit den Menschen, wenn sie zu ihren übrigen Greueltaten noch den Mord an seinem geliebten Sohn hinzufügen? Im Gleichnis vom Weinbergbesitzer bringt gerade diese Tat der Menschen, mit der sie sich an seinem Sohn vergreifen, das »Faß zum Überlaufen«. Der Besitzer verzeiht nun nicht etwa alles Vorhergewesene, sondern er gibt die Verwalter als hoffnungslos auf (Mk 12,1–12). Das Gleichnis hat Jesus kurz vor seinem Tod erzählt, und ich gehe davon aus, daß *er so* seinen Tod im voraus deutete. Diese Vorstellung jagt Dir einen Schrecken ein, nicht wahr, Paulus? Denn Du hast zwar nicht Jesus selbst umgebracht, aber doch unter seinen Nachfolgern »gewütet«: »Saulus aber schnaubte noch immer Drohung und Mord wider die Jünger des Herrn« (Apg 9,1).

In Römer 8 klagst Du über die Probleme, die das Fleisch bereitet: »Das Trachten des Fleisches führt zum Tod, das Trachten des Geistes aber zu Leben und Frieden. Denn das Trachten des Fleisches ist Feindschaft gegen Gott; es unterwirft sich nicht dem Gesetz Gottes und kann es auch nicht. Wer vom Fleisch bestimmt ist, kann Gott nicht gefallen« (V. 6–8). Mit *meinem* Fleisch habe ich ganz andere Erfahrungen als Du. Wie oft meine ich, vernünftig gehandelt zu haben, aber mein Körper – den meinst Du doch mit »Fleisch«? – meldet ein Unbehagen an. Er rebelliert und zwingt mich zum Nachdenken, bis ich meinen Fehler entdecke. Er deckt die verborgenen Unwahrhaftigkeiten auf, die mein Geist geschickt zugedeckt hatte mit Argumenten. Mein Körper läßt sich nicht betrügen. Ich bin immer gut beraten, wenn ich auf ihn höre. Ich werde mich hüten, ihn zu verachten, wie Du es nahelegst.

Du sagst zwar nie konkret, was Du eigentlich mit der Sünde und den Begierden Deines Fleisches meinst – ich nehme an, Dir machte die Sexualität zu schaffen –, aber *ich* kann Dir sagen, wozu der Geist Dich verleitet hat: nämlich in den Menschen nur noch Söhne zu sehen. »Denn alle, die sich vom Geist Gottes leiten lassen, sind Söhne Gottes« (Röm 8,14). Du wartest »mit der ganzen Schöpfung sehnsüchtig auf das Offenbarwerden der Söhne Gottes« (V. 19). Mir haben sie sich bereits gezeigt. Und ich kann Dir verraten: Sie haben Deine Hoffnungen mehr als erfüllt. Sie sind über das Ziel hinausgeschossen, die bedrängte Schöpfung zu befreien, und haben sich die Freiheit genommen, die bedrängte Schöpfung zu vernichten – nicht bloß einmal, nein, gleich 12- oder 20mal! Die Zahl steigt ständig. Dieser großartige Akt des Schöpfungsdramas hat zwar noch nicht stattgefunden; aber alle Vorbereitungen sind bereits getroffen. Er kann stündlich steigen. Siehst Du, solches vermag der Geist, der sich seines Fleisches und dessen Regungen und Signale entledigt hat. Das übertrifft doch sicher all Deine Erwartungen. Dann wird der letzte endgültige Tod allen Lebens erreicht, nicht durch das Gesetz, die Sünde oder das Fleisch, sondern durch die offenbar gewordenen Söhne Gottes. Können wir in dieser Situation noch auf Gott vertrauen? Deine Zuversicht ist nicht zu erschüttern. »Ist Gott für uns, wer ist dann gegen uns?« fragst Du (V. 31). Aber – *ist* Gott für uns? »Er hat seinen eigenen Sohn nicht verschont« – warum sollte er uns verschonen, schießt es mir durch den Kopf. Du beendest den Satz natürlich anders: »Wer kann die Auserwählten Gottes (die sich offenbarenden Söhne) anklagen? Wer kann sie verurteilen?« fragst Du weiter, »Christus tritt für uns ein« (V. 32ff.). Bist Du da so sicher?

Und dann führst Du Deine zwiespältige Auseinandersetzung über die Erwählung der Juden, in der Du alles und nichts sagst, um es nur ja jedem recht zu machen, sowohl den Heiden als auch den Juden. Es ist schwer zu verstehen für Dich, daß das erwählte Volk der Juden sich nicht Deinem Glauben anschließt. Aber Du hast eine Erklärung bereit: »Gott gab ihnen einen Geist der Betäubung, Augen, die nicht sehen, und Ohren, die nicht hören, bis zum heutigen Tag« (Röm 11,8), damit er endlich sein Erbarmen von diesem Volk abziehen und es einem anderen Volk, den Heiden, zuwenden konnte (V. 11). Wenn dieses dann bekehrt ist, wird er auch das Volk Israel retten – ob nur einen Rest (V. 5–8) oder das ganze Volk (V. 12), das habe ich nicht begriffen. Begriffen habe ich, daß Gottes Erbarmen nicht für zwei Völker gleichzeitig reicht – immer schön eins nach dem anderen – und daß Du ganz genau weißt, wie alles ablaufen wird. Du kennst auch den Grund, warum Israel den »Geist der Betäubung« bekam: weil es ihm um die Gerechtigkeit aus Werken ging. Weil *Dich* ständig Skrupel plagten, ob Du wohl genug des Guten getan hättest, um Deinen Gott gnädig zu stimmen, und Du zum Schluß gekommen bist, jemand anders für Dich Verdienste erwerben zu lassen, deswegen verdammst Du jetzt ein ganzes Volk zur Untätigkeit oder unterstellst ihm, es tue seine Werke nur zu seiner eigenen Gerechtigkeit. Ja, warum denn eigentlich nicht? Soll ich mich nicht bemühen, durch meine eigenen Taten vollkommener zu werden?

Es freut mich ja, daß Du von Deiner Gesetzespedanterie und Deinen Gewissensskrupeln befreit wurdest; aber ich begreife nicht, wie Deine abstrusen Gedankengänge in der Kirche zu solch einer Bedeutung gelangen konnten. Ich habe da einen Verdacht, und den verrate ich nur Dir: weil mit Deiner Methode sich die Menschen am leichtesten regieren lassen. Zuerst wird ihnen ihre Verderbtheit und Verlorenheit bis in ihr Innerstes hinein gewiß gemacht. Dann wird ihnen die Erlösung angeboten, die nur die Kirche vermitteln kann. Ich glaube nicht, daß Du diese Methode kalt berechnend eingesetzt hast. Sie war halt Dein Lebensweg.

»Jeder leiste den Trägern der staatlichen Gewalt den schuldigen Gehorsam. Denn es gibt keine staatliche Gewalt, die nicht von Gott stammt... Wer sich daher der staatlichen Gewalt widersetzt, stellt sich gegen die Ordnung Gottes, und wer sich ihm entgegenstellt, wird dem Gericht verfallen« (Röm 13,1–2). Bei diesen Deinen Worten lacht das Herz jedes Staatsträgers! Du kennst nicht die Unterscheidung, die Jesus macht: »Gebt dem Kaiser, was des Kaisers ist, und Gott, was Gottes ist.« Für Dich sind Kaiser und Gott identisch. Nicht der leiseste Schimmer einer Kritik! Was auch immer Du Dir dabei gedacht haben magst – diese Worte haben Unheil genug angerichtet.

Zarte Worte der Rücksichtnahme und Zuneigung findest Du zum Schluß Deines Römerbriefes. Sie hätten mich fast betört und mich Deine Äußerungen in anderen Briefen vergessen lassen, Äußerungen wie: »Ihr sollt aber wissen, daß... der Mann das Haupt der Frau« ist. Der Mann ist »Abbild und Abglanz Gottes; die Frau aber ist der Abglanz des Mannes... Der Mann wurde auch nicht für die Frau geschaffen, sondern die Frau für den Mann« (1 Kor 11,3ff.). »Die Frau aber ehre den Mann... Die Frauen sollen sich in allem den Männern unterordnen« (Eph 5,33b;24). Diese Deine Worte sind für mich von zu einschneidender Bedeutung, als daß ich sie wirklich vergessen könnte. So kann ich alles, was Du sonst gesagt hast, nur an ihnen auf seine Wahrhaftigkeit prüfen; und so trifft für den Rest des Römerbriefes zu, was Du in 1 Kor 13,1–2 so beschreibst: »Wenn ich in den Sprachen der Menschen und Engel redete, hätte aber die Liebe nicht, wäre ich ein dröhnendes Erz oder eine lärmende Pauke.«

Zeugt es von Liebe, wenn Du den Mann zum Haupt über die Frau einsetzt? Du rätst ihm zwar, sie zu lieben; aber bei Deiner Einsicht in menschliche Schwachheit hättest Du voraussehen müssen, daß das schiefgeht. Zumal Du dem Mann noch den Floh ins Ohr setzt, *er* sei der Abglanz Gottes und zuerst erschaffen, die Frau dagegen nur sein Abglanz und für ihn geschaffen. Ferner: Er sei nicht verführt worden, sondern die Frau habe das Gebot übertreten (1 Tim 2,14). (Hat Adam *nicht* die Frucht gegessen? Deine Bibelkenntnisse sowie die der zuerst erschaffenen und nichtverführten Kirchenväter, Kirchenlehrer, Kirchenfürsten bis hin zum Apostolischen Stuhl überraschen mich immer wieder von neuem!)

Und was bleibt der Frau, wenn die Liebe ihres Mannes in Tyrannei ausartet? Deine Weisung, ihren Mann zu ehren und sich ihm unterzuordnen! Ist es eigentlich bis zu Dir durchgedrungen, Paulus, daß es in jeder größeren Stadt der christlichen BRD ein Frauenhaus gibt, in das die Ehefrauen vor ihren Ehemännern flüchten können, daß diese Häuser ständig überfüllt sind und eigentlich jedes Dorf so ein Haus gebrauchen könnte? Die Verletzungen, die eine Frau davonträgt durch Deine weiteren Anordnungen: »Daß eine Frau lehrt, erlaube ich nicht« (1 Tim 2,12) und »die Frauen sollen in der Versammlung schweigen, es ist ihnen nicht gestattet zu reden« (1 Kor 14,34), diese Verletzungen sind nicht so offenkundig; aber ich kann Dir versichern, sie sind nicht weniger unerträglich! Siehst Du, Paulus, und nun folge ich Deinem Beispiel; wie Du dem Petrus, so widerstehe ich Dir ins Angesicht mit meiner Behauptung: *Du bist* ein dröhnendes Erz und eine lärmende Pauke!

Karlheinz Deschner

Sechs gefälschte »Paulusbriefe« stehen im Neuen Testament

Eine lange Reihe wichtiger neutestamentlicher Schriften will so mehr oder weniger bestimmt von Aposteln geschrieben worden sein. Bei einigen dieser Schriften zwar kann man zweifeln, ob eine Täuschungsabsicht wirklich vorliegt, bei anderen ist dies wahrscheinlich, bei wieder anderen sicher; wird die Echtheit doch, entgegen dem Tatbestand, ausdrücklich bezeugt. Eine Hauptabsicht ist dabei, das bereits Gewordene, vor allem aber auch das erst noch Erstrebte, als »apostolisch« zu qualifizieren und als Norm verbindlich zu machen.

So wurden im Neuen Testament mehrere Briefe auf den Namen des ältesten christlichen Autors, des Paulus, gefälscht, der freilich selbst bekennt, daß es nur darauf ankomme, Christus zu verkünden: »mit oder ohne Hintergedanken«.

Völlig unecht im Corpus Paulinum sind die beiden Briefe »An Timotheus« und der »An Titus«, die sogenannten Pastoralbriefe. Sie waren seit der Mitte des 2. Jahrhunderts in der Christenheit bekannt und wurden als Paulinische Briefe schließlich bedenkenlos zum Neuen Testament gezählt – bis ins frühe 19. Jahrhundert. 1804/05 aber bezweifelte J. E. Chr. Schmidt die Echtheit des 1. Timotheus-Briefes, 1807 verwarf ihn Schleiermacher ganz, und 1812 erkannte der Göttinger Gelehrte Eichhorn die Unechtheit aller drei Briefe. Seitdem hat sich diese Erkenntnis unter den protestantischen Forschern durchgesetzt, neuerdings auch immer mehr unter katholischen Exegeten, wenn die Echtheit oder doch partienweise Echtheit (2 Tim 4,9–22; Tit 3,12–15: man spricht von Fragmenten- oder Billettenhypothese) selbst heute noch von einigen wenigen namhafteren Auslegern vertreten wird.

In allen drei Briefen, wahrscheinlich in Kleinasien zu Beginn des 2. Jahrhunderts entstanden, bezeichnet sich der Fälscher gleich anfangs als »Paulus, ein Apostel Christi Jesu«. Er schreibt in der Ich-Form und protzt, gesetzt zu sein »als Prediger und Apostel – ich sage die Wahrheit und lüge nicht –, als Lehrer der Heiden im Glauben und in der Wahrheit«. Er zieht hart gegen die »Ketzer« vom Leder, von welchen er schon einige »dem Satan übergeben«. Er geißelt »die ungeistlichen Altweiberfabeln«, »die Heuchelei der Lügnerredner«, die »unnützen Schwätzer und Verführer, sonderlich die aus den Juden, welchen man muß das Maul stopfen«. Doch er stopft es auch den Frauen: »Einer Frau gestatte ich nicht, daß sie lehre, auch nicht, daß sie sich über den Mann erhebe, sondern sie sei stille.« Und ebenso kuschen sollen die Sklaven und »ihre Herren aller Ehre wert halten«.

Diese drei Fälschungen, die bezeichnenderweise in den ältesten Sammlungen der Paulusbriefe fehlen, wurden bereits von dem an Paulus anknüpfenden Markion (S. 75 f) als unecht erkannt. Ja, man schuf sie sehr wahrscheinlich gerade, um Markion durch Paulus widerlegen zu können, wie dies auch mit anderen kirchlichen Fälschungen im 2. und 3. Jahrhundert geschah (S. 120 ff, 128 ff). Und es spricht für sich, daß diese gegenüber Paulus viel späteren und deshalb theologisch wie kirchenrechtlich auch viel weiter entwickelten gefälschten »Paulusbriefe« im Katholizismus sich bald besonderer Beliebtheit erfreuten; daß sie von prominenten Kirchenschriftstellern mit Vorliebe zitiert und gegen die echten Paulusbriefe ausgespielt worden sind; ja, daß die Fälschungen den fast verketzerten Paulus erst kirchenfähig und zu einem Mann der katholischen Kirche gemacht haben. Gerade mit ihnen haben dann die Päpste ungezählte Male ihre »Ketzer-«Verdammungen gestützt und die Anerkennung ihrer Lehrentscheidungen verfochten.

Gegen die Echtheit der Pastoralbriefe sprechen geschichtliche, mehr aber noch theologische und sprachliche Gründe, und diese Gründe wurden inzwischen nicht nur vermehrt, sondern auch sehr präzisiert. »Für die evangelischen Forscher«, schreibt Wolfgang Speyer, einer der besten heutigen Kenner der literarischen Fälschung der Antike, »gilt die Pseudepigraphie der beiden Schreiben an Timotheus und des Briefes an Titus für ausgemacht.« Der Theologe von Campenhausen spricht von einer »geistig ungewöhnlich hochstehenden Fälschung« und erkennt sie dem hl. Polykarp zu, dem »greisen Fürsten von Asien« (Euseb). Der katholische Theologe Brox, ebenfalls ein Experte auf dem von der Forschung bisher so vernachlässigten Gebiet, nennt »die literarische Manipulation perfekt«, wenn auch »als Fiktion erkennbar«, eine »methodisch angelegte Täuschung, eine bewußte und künstlerisch raffiniert durchgeführte Autoritätsanmaßung«, wohl »das Kabinettstück« der Fälschung innerhalb des Neuen Testaments. Mehr konservative Gelehrte behelfen sich angesichts der Diskrepanz zu den (sicher) echten Paulusbriefen mit der »Sekretärshypothese«, wonach ein Sekretär des Paulus, der ihn längere Zeit begleitet haben müßte, der Verfasser war. (»Freilich weiß die Überlieferung von einem solchen Manne nichts«: Bibel-Lexikon.) Oder man besteht auf der »Fragmentenhypothese«, der Annahme also, es steckten auch echte Teile, wirkliche Paulus-Texte, in den unechten. Selbst für Schelkle aber »scheinen« die Pastoralbriefe »nicht bloß anders, sondern später als die echten Paulusbriefe zu sein«.

Mit hoher Wahrscheinlichkeit ist auch, wie man oft und mit schwerwiegenden Gründen annimmt, der 2. Thessalonikerbrief unter dem Namen des Paulus »bewußt als Fälschung konzipiert worden« (Lindemann).

Das erste Mal wurde die Echtheit des 2. Thessalonikerbriefes 1801 wieder durch J. E. Chr. Schmidt (S. 100) bezweifelt, dann die These der Unechtheit entschieden durchgesetzt vor allem durch W. Wrede 1903. Zu Beginn der dreißiger Jahre meinten Forscher wie A. Jülicher und E. Fascher, daß wir durch die Feststellung einer nichtpaulinischen Verfasserschaft des Briefes »ja nicht allzuviel verlieren«. Nun, *wir* nicht. Aber die Bibelgläubigen. Denn wie finden sie sich damit ab, daß durch zwei Jahrtausende (doch nicht nur) diese Fälschung in einer, in ihrer »Heiligen Schrift« stand, ja noch steht? Daß der Fälscher, der vor allem Zweifel an der Parusie, der ausbleibenden Wiederkehr des Herrn, beheben will, am Schluß seines Briefes dessen Echtheit auch noch durch Betonung der eigenhändigen Unterschrift des Paulus bezeugt? »Hier mein, des Paulus, eigenhändiger Gruß. Dies ist das Kennzeichen in jedem meiner Briefe: so schreibe ich...« Wie der Fälscher, der uns weitgehend unbekannt bleibt, auch nicht versäumt, vor Fälschungen zu warnen, offenbar um so vom Echtheitsproblem in seinem Fall abzulenken. Niemand solle sich wankend machen lassen, »weder durch eine Offenbarung im Geist noch durch ein Wort noch durch einen Brief, wie von uns gesandt, als ob der Tag des Herrn schon da sei. Lasset euch von niemand verführen, in keinerlei Weise...« Er ist sich seines Betrugs also durchaus bewußt. Doch nicht genug: er will mit einem gefälschten Paulusbrief einen echten Paulusbrief desavouieren. So wird die Echtheit des 2. Thessalonikerbriefes »heute nur noch selten« verteidigt (W. Marxen).

Auch den Kolosserbrief hält die Mehrzahl der Forscher für »deuteropaulinisch«, für »unpaulinisch«. Und mit hoher Wahrscheinlichkeit ist auch der mit ihm eng verwandte Brief an die Epheser, der von Anfang an als Paulusbrief galt, »bewußt« gefälscht. Bezeichnenderweise finden sich hier Anklänge an alle bedeutenden Paulusbriefe, besonders an den Kolosserbrief, aus dem manche Formulierungen fast wörtlich stammen; ist der Wortschatz auffallend rhetorisch, ja, dieser Brief im Grunde kein Brief, sondern eine Art »Meditation über große christliche Themen« (Guthrie), eine »Mysterien- oder Weisheitsrede« (Schlier). Und in keinem anderen Paulusbrief wird das Wort »Kirche« so ausschließlich im katholischen Sinn gebraucht.

Der Hebräerbrief, von einem Unbekannten vielleicht im ausgehenden 1. Jahrhundert geschrieben, wurde zunächst auch anonym überliefert und von keiner alten Handschrift mit Paulus in Verbindung gebracht. Er enthält den Namen des Paulus auch gar nicht, bringt aber zuletzt »mit betonter Absichtlichkeit die Schlußformeln eines Paulusbriefes« (Lietzmann). Doch bis um die Mitte des 4. Jahrhunderts galt er weithin weder als apostolisch noch paulinisch noch kanonisch, kam aber nur als »Paulus«-Brief ins Neue Testament, und bis zu Luther hielt man ihn fast allgemein dafür. Der Reformator jedoch bestritt dies, fand Holz, Heu und Stroh darin, »eine Epistel von vielen Stücken zusammengesetzt«. Und heute schreibt man den Hebräerbrief sogar auf katholischer Seite nur noch selten dem »Paulus« zu.

Seit dem 2. Jahrhundert aber wurde er ihm von der orthodoxen Überlieferung zuerkannt. Er steht in den liturgischen und amtlichen Büchern der katholischen Kirche als »Brief des heiligen Apostels Paulus an die Hebräer«. Ebenso im Neuen Testament in der lateinischen Übersetzung (nicht im griechischen Text). Tatsächlich wissen wir weder wo noch von wem er geschrieben worden ist. Und alle Namen, die man als Verfassernamen genannt hat oder nennen könnte, sind nichts als blauer Dunst. – Andere Paulusbriefe gelten der kritischen Theologie als echt, doch enthalten sie, wie auch andere Bücher des Neuen Testaments, einzelne Fälschungen.

Nicht weniger als sechs Briefe, die nach der Selbstbezeugung von Paulus geschrieben sein wollen, sind in Wirklichkeit also deuteropaulinisch, nicht von Paulus, stehen aber als Paulusbriefe in der Bibel. Rechnet man den Hebräerbrief hinzu, sind es sogar sieben Briefe.

Reinhold Bernhardt

Im Spielraum Gottes

Der Mensch spielt nur,
wo er in voller Bedeutung
des Wortes Mensch ist,
und er ist nur da ganz Mensch,
wo er spielt.
Friedrich Schiller

Vielleicht muß man seinen Kampf mit Paulus erst ausgefochten haben, bis man die Schätze zu entdecken vermag, die bei ihm verborgen liegen. Vielleicht muß man sich zuerst durch die Phase der *Klage* gequält haben, in der man daran verzweifelt, daß sich in seinen Briefen »einiges Schwerverständliche findet« (2Petr 3,16). Vielleicht muß man dann, wenn einem das Schwerverständliche einigermaßen verständlich geworden ist, durch die Phase der *Anklage* gegangen sein, in der man Paulus bezichtigt, das ursprüngliche Evangelium von Jesus aus Nazareth verfälscht zu haben. Vielleicht muß man sogar auch noch die Phase der *Verurteilung* durchlitten haben, in der man ihn (in klammheimlicher Sympathie mit Nietzsche und Bloch) als den Erfinder einer grausamen Opfertodtheorie verflucht, der unser Heil durch das von Gott geforderte Menschenopfer seines Sohnes erkauft sehen will. Vielleicht muß man das alles und noch mehr hinter sich gebracht haben, bevor man neu mit Paulus anfangen kann.

In seinen Briefen beschreibt Paulus eine Lebenshaltung, die ich für zutiefst »heilsam« halte. Heilsam gerade auch für unsere Zeit, in der Millionen Menschen ihr Heil – vergeblich – in der Religion des »Konsumismus« suchen und andere sich angewidert von der Welt abwenden, um auf unterschiedlichsten Wegen den Rückzug in die Innerlichkeit anzutreten.

»Haben, als hätte man nicht« – das ist der Slogan dieser von Paulus proklamierten Lebenshaltung: »Die Zeit ist kurz; damit fortan auch die, welche Frauen haben, so seien, als hätten sie keine, und die Weinenden, als weinten sie nicht, und die Fröhlichen, als freuten sie sich nicht, und die Kaufenden, als behielten sie es nicht, und die die Dinge der Welt benützten, als nützten sie sie nicht aus, denn die Gestalt dieser Welt vergeht. Ich will aber, daß ihr ohne Sorgen seid ...« (1Kor 7,29–32).

Paulus schreibt diese Zeilen einer Gemeinde, die zum größten Teil aus der sozialen Unterschicht (1,26ff) der wimmelnden und sprichwörtlich lasterhaften Hafenstadt Korinth stammt. Sie ist innerlich tief zerrissen, es gibt Parteien und Gruppen in der Gemeinde (1,12; 11,18f). Moralische und religiöse Mißstände, wie sexuelle Freizügigkeit (6,12ff) und Auswüchse bei der Abendmahlsfeier (11,20ff), haben sich breitgemacht. Die einen leben ihr Leben in materialistischer Weltverhaftung »im Fleisch« weiter, als wäre Christus nie dagewesen. Die anderen glauben sich schon mit Christus in den Himmel erhöht. Sie haben »im Geist« die Wirklichkeit dieser Welt bereits hinter sich gelassen, um in absoluter Freiheit zu leben. Auf dem schmalen Grat zwischen dieser enthusiastischen Weltverachtung und der materialistischen Weltverhaftung geht Paulus seinen Mittelweg.

Erlösung, wie sie »in Christus« geschehen ist, bedeutet für Paulus Herausgelöstwerden, Befreitwerden aus der Abhängigkeit von den Dingen der Welt, ohne sich dabei aber aus der Welt auf eine Insel der Seligen zurückzuziehen. Nicht nur: Erlösung *von* der Welt, sondern auch: Befreiung *für* die Welt. Zum einen: keine Weltflucht, keine Illusion über die Wirklichkeit, keine Utopie. Zum anderen: kein Ausgeliefertsein an die Wirklichkeit, so, wie sie jetzt ist.

Diese Distanz zur Welt ermöglicht einen tiefen Realismus, der sich ganz auf die Welt einlassen und sie unverblümt sehen kann, gerade weil er sich letztlich nicht an sie verkauft, sondern ihr kritisch gegenübersteht. Er weiß, daß die Wirklichkeit dieser Welt nicht das Letzte ist, daß sie vielmehr »in Christus« – in seiner Kreuzigung und Auferstehung – aufgebrochen wurde auf ein neues Sein hin, von dem her sie in neuem Licht erscheint. So braucht er die Zustände, unter denen Menschen leben und leiden, weder zu banalisieren noch zu idealisieren und vor allem: er braucht nicht vor ihnen zu kapitulieren. Darin liegt die Quelle der Freiheit, die das Wesen des christlichen Glaubens ausmacht.

Die Welt muß und darf nicht verworfen oder verlassen werden, sie kann aber auch nicht bleiben, wie sie ist, sie bedarf der Erlösung. So wissen »paulinische« Christen um die Vorletztheit aller Weltverhältnisse, sie wissen um ihre letzte Relativität, ohne in apathischen Relativismus zu verfallen. Paulus verpflichtet sie, sich in der Welt zu bewähren, ohne in ihr aufzugehen. Das gibt Gelassenheit, Gelöstheit und Souveränität. Es bricht die zwanghafte Haltung des »Machers« ebenso auf wie den Zynismus dessen, für den alles sinnlos und unbedeutend ist.

In drei Bereichen herrscht nach Paulus diese Distanz: in den Beziehungen zu anderen Menschen, in der Beziehung des Menschen zu sich selbst und im Umgang mit den »Dingen«.

Eine Frau (einen Mann, Kinder) haben, als hätte man keine – das heißt für mich zuerst, ihre eigene Würde anzuerkennen, sie nicht in Abhängigkeit zu halten, sondern ihnen Freiheit, Spielraum zu geben.

Lachen, als lachte man nicht, und weinen, als weinte man nicht – das heißt für mich zuerst, sich selbst und seinen Gefühlen nicht schutzlos ausgeliefert zu sein: Freude nicht zum selbstsüchtigen Genuß verkommen zu lassen, sondern als ein Geschenk zum Weiterschenken anzunehmen; und Leiden nicht zum Selbstmitleid zu steigern, sondern es als Phase im Leben verstehen zu lernen, in der vieles zerstört wird, aus der aber auch unerwartet Neues wachsen kann.

Kaufen, als behielte man das Gekaufte nicht, und die Dinge der Welt benützen, ohne sie auszunützen – das heißt für mich, Gegenstände nicht als Kultobjekte zu vergötzen, sondern sie zu gebrauchen, als Gebrauchsgegenstände zu pflegen und sich von ihnen zu trennen, wenn sie ausgebraucht sind: nicht zäh an den Dingen zu klammern, sie aber auch nicht zu verachten und überzustrapazieren, um das Letzte aus ihnen herauszuholen – seien es Dinge der Natur oder Dinge von Menschenhand.

Distanz zu den Mitmenschen verhindert, daß ich sie in meine Abhängigkeit bringe und sie so sehr an mich binde, daß sie ihre Selbständigkeit verlieren. Distanz zu mir selbst verhindert, daß ich mich zu wichtig nehme und mich für so unentbehrlich halte, daß alle und alles auf mich zentriert sein muß. Distanz zu den Dingen verhindert, daß ich ihnen verfalle, sie zum Selbstzweck mache und auf der Jagd nach ihnen jeden Preis zu zahlen bereit bin.

Doch meint »Distanz« eben nicht *Halbherzigkeit* oder *Gleichgültigkeit* im Verhältnis zu anderen Menschen, zu sich selbst und zur natürlichen und materiellen Umwelt. Nicht: *Ataraxia*, die stoische Tugend der apathischen Empfindungslosigkeit, des Disengagements, des Rückzugs in die Haltung eines indifferenten Gleichmutes. Die paulinische »Distanz« ist untrennbar verbunden mit Liebe und »Sympathie« (in der ursprünglichen Wortbedeutung von »Mitleid«): eine Liebe nicht im Sinne sentimentaler Gefühlsaufwallung, sondern tätiger Solidarität.

Liebe zu den Mitmenschen verhindert, daß sie allein nach *meinem* Maß gemessen oder gar zum Mittel meiner Zwecke herabgewürdigt werden. Liebe zu mir selbst verhindert, daß ich mich ausbeute und durchs Leben hetze. Liebe zu den Dingen verhindert, daß ich sie durch schonungslosen Gebrauch unbrauchbar mache. Liebe fordert und ermöglicht, das Eigene wie ein Fremdes und das Fremde wie das Eigene zu behandeln.

Diese Kontrastharmonie zwischen engagierter Hinwendung und letztlicher Gelöstheit von Menschen, Dingen und mir selbst finde ich in reinster Form im *Spiel* wieder.

In tiefster Hingabe kann der Spieler seinem Spiel ergeben sein, ohne dabei je ganz das Bewußtsein zu verlieren, daß es doch »nur« ein Spiel ist. Seine Hingabe steht immer unter dem letzten Vorbehalt des »als ob«. Er kann aus sich heraustreten, sich von außen »als Spieler« betrachten und wieder in sich zurückkehren. – Eine dynamische Dialektik von Aus-sich-Herausgehen und Ganz-bei-sich-Sein, von Identität und Transzendierung.

Der Spieler kann die höchste körperliche und geistige Anstrengung aufbringen für eine Betätigung, die keinen unmittelbar praktischen Zweck hat, deren einziger Beweggrund vielmehr in der Freude an ihr selbst liegt. Das Spiel lebt nicht von funktionalen Zwecksetzungen, es gehört in den Bereich des Ästhetischen, des Schöpferischen und Künstlerischen. Innerhalb fester Spielregeln herrscht freie Kreativität. »Im Spiel ›spielt‹ etwas mit, was über den unmittelbaren Drang nach Lebensbehauptung hinausgeht und in die Lebensbetätigung einen Sinn hineinlegt« (Huizinga, Homo ludens). Gemessen an den Notwendigkeiten, Nützlichkeiten und Sachzwängen »dieser Welt« ist Spielen etwas Überflüssiges, ein Überfließen von Geist und Kraft; es ist etwas Unvernünftiges – oder sollte ich auch hier sagen: etwas *Über*vernünftiges? Doch gerade in dieser Freiheit wird es zum Lebens-Mittel, zur Quelle von Kraft und Geist, zum Ort ganzheitlicher Selbstvergewisserung. Im Spiel erfährt der Mensch sich als selbstbestimmtes, eigenverantwortliches und freies Wesen. Indem er sich in der Polarität von Spannung und Lösung, Anstrengung und »Erlösung« für das Spiel begeistert, wächst er und wächst über sich hinaus. Spiel fordert und fördert menschliche Fähigkeiten.

Der holländische Kunsthistoriker Johan Huizinga erkennt im Spiel die Grundlage aller menschlichen Kultur. Aus dem Spiel heraus entwickelt sich Kunst und Kult.

Spiel ist ein Urphänomen des Lebens, ein Grundzug menschlicher Existenz. Und umgekehrt prägt Kultur das Spiel – Schiller sprach von »Spielkultur«.

Paulus lehrt, *spielerisch* mit sich selbst, mit anderen Menschen und Dingen umzugehen! Mit sich und ihnen zu spielen meint dabei gerade nicht, sie nicht ernst zu nehmen oder gar sie zum Objekt meiner egozentrischen Spiellaune zu machen und in diesem Sinne *mit* ihnen zu spielen. Es heißt, auf sie einzugehen, ohne in ihnen aufzugehen; neugierig und lustvoll, experimentell und hartnäckig mit ihnen umzugehen, im Umgang mit ihnen aber immer auch ihnen *gegenüber* zu bleiben.

Ich ziehe diese Linie weiter aus: Wenn der Christ so mit sich »identisch« ist, daß er sich immer auch gegenübersteht – mehr noch: wenn er *gerade dadurch* mit sich identisch ist, *daß* er sich gegenübersteht, dann muß das auch für seinen Glauben selbst gelten. »Spielerisch« zu glauben bedeutet nicht, mit dem Glauben zu spielen – ohne Ernst und Verbindlichkeit. Zwischen Ernst und Spiel besteht im tiefsten kein Gegensatz. »Spielerisch« zu glauben meint, mit Ernst und Verbindlichkeit, aber nicht verbissen und fanatisch zu glauben, nicht Sklave seines eigenen Glaubens zu werden.

Das »in sich verkrümmte Herz« (M. Luther) zu öffnen – das hat der Glaubende auch in seinem Glauben nötig. In christlicher Freiheit zu glauben heißt: seinem Glauben mit einer Spur »himmlischen Humors« gegenüberzustehen; mit einem Hauch von Leichtigkeit, die um die letzte Vorletztheit und Unzulänglichkeit aller menschlichen Glaubensformen weiß; eben darum, daß es *menschliche* Glaubensformen sind. Diese spielerische Leichtigkeit läßt die Freude im Glauben und am Glauben aufkommen, die auch das Wesen allen Spiels ist. Über seinen Glauben auch einmal aus tiefstem Herzen lachen zu können, ohne diesen Glauben oder sich selbst als Glaubenden der Lächerlichkeit preiszugeben – darin mag sich diese Menschlichkeit zeigen.

Wenn man das paulinische »Haben, als hätte man nicht« auf das Haben von religiöser Wahrheit bezieht, kann man sagen: Die von Paulus gelehrte christliche Freiheit bewährt sich nicht zuletzt im Aufbrechen aller religiösen (wie auch aller sonstigen) Absolutheitsansprüche und aller kirchlichen (wie auch aller sonstigen) Machtansprüche; auch sie stehen im Zeichen des Kreuzes. – So wie alles Vorletzte, auch und gerade, wenn es sich in den Rang des Letzten erhebt, im Zeichen des Kreuzes steht. Das Kreuz wird zum Symbol für das »Gericht« über alle menschlichen Ansprüche auf absolute Wahrheit und Autorität. Paul Tillich hat es so formuliert: Es gibt keine unbedingte Glaubenswahrheit – außer der einen, daß kein Mensch sie besitzt.

»Spielerisch glauben« – vielleicht führte das dazu, daß die Christen erlöster aussähen, wie Nietzsche es einst einforderte. Vielleicht schenkte eine solche Einstellung ihnen die beflügelnde »Leichtigkeit des Seins«, die Jesus mit seinem »Sorget euch nicht« in der Bergpredigt beschreibt (Mt.6.25ff). Sie kehrt bei Paulus wieder: »Macht euch keine Sorgen«, heißt es in 1.Kor.7,32. Nicht der Todernst des Büßers ist Ausdruck solcher Leichtigkeit, sondern das Lachen des ernsthaft Spielenden.

Klaus Reblin

»Pfahl im Fleisch« oder Der leidende Apostel

> »Gott, der am Anfang das Licht aus der Finsternis hervorleuchten ließ, der hat auch einen hellen Schein in unsere Herzen gegeben, damit die Menschen durch uns die göttliche Herrlichkeit erkennen, wie sie in Jesus Christus offenbar ist... Wir sind allenthalben traurig, aber wir ängstigen uns nicht. Uns ist bange, aber wir verzagen nicht. Wir werden verfolgt, aber nicht verlassen. Wir liegen am Boden, aber wir kommen nicht um. Wir tragen allezeit das Sterben des Herrn Jesus an unserem Leibe, damit auch das Leben des Herrn Jesus an unserem Leibe anschaubar werde.«
>
> *2 Kor 4,6–10*

Ein Mann sagt, er sei traurig – und diese Stimmung sei bei ihm die Regel. Ein Mann sagt, er habe Angst – nicht nur einmal, sondern immer. Ein Mann sagt, er fühle sich verfolgt. Ein Mann sagt, er werde von anderen unterdrückt. Ein Mann sagt, er wisse nicht aus noch ein.

Ein Mann? Unter uns herrscht ein anderes Männerbild: Männer sind nicht traurig, sondern optimistisch. Männer haben keine Angst, Mut ist ihr erstes Charaktermerkmal. Männer fühlen sich nicht verfolgt, sie drehen den Spieß um. Männer lassen sich nicht unterdrücken, sie sind immer obenauf. Männer sind nicht ratlos, ihnen gehen die Ideen nicht aus. Männer geben nicht auf, sie sind stets kraftvoll-dynamisch-jung.

Das Portrait, das Paulus im 2. Korintherbrief von sich selbst zeichnet, steht in hartem Kontrast zu dem unter uns gängigen Bild des Mannes. Paulus war kein Mann, der sich sehen lassen und zu dem man aufblicken konnte. Er war sicher ein hervorragender Theologe, ein großer

Prediger war er nicht – die Menschen sollen bei seinen Predigten eingeschlafen sein. Paulus hatte auch kein ausgeglichenes Temperament, er war vielmehr schnell erregt, leicht reizbar, oft auch tief depressiv, auf jeden Fall labil. Daher hatte er mit nahezu allen seinen Gemeinden erhebliche Schwierigkeiten. Paulus war ein Mensch, der polarisierte, statt zu integrieren. Was Wunder, daß er mindestens ebenso viele Feinde wie Freunde hatte. Und zu diesen charakterlichen Schwierigkeiten kamen körperliche. Paulus war krank. Eine genaue Diagnose haben wir nicht. Aber er trug, wie er selbst sagt, einen »Pfahl im Fleisch«, »des Satans Engel«, der ihn »mit Fäusten schlug« (2 Kor 12,7).

Das Erstaunlichste freilich ist, daß Paulus von all dem ganz offen spricht. Ja, er macht seine Schwierigkeiten, sein Leiden an sich selbst, seine Erfolglosigkeit geradezu zum Ausweis seines Apostelseins: »Wir tragen allezeit das Sterben Christi an unserem Leibe.« Leiden und Krisen sind für ihn die entscheidende Lebenserfahrung: Wo anders solle sich Christus denn als stark erweisen, wenn nicht da, wo es kritisch um uns stehe. Deswegen geht Paulus seinen Leiden und Krisen nicht aus dem Weg.

Wir dagegen tun alles, um Krisen möglichst zu vermeiden. Wir setzen uns dem Leiden nicht aus, wir versuchen nicht, daraus zu lernen und daran zu wachsen. Und wenn es schon nicht zu vermeiden ist, so versuchen wir zumindest, es herunterzuspielen und ihm sein Gewicht zu nehmen. Schwierige Ehen werden möglichst schnell geschieden, damit keine Narben bleiben. Unseren Kindern erfüllen wir jeden Wunsch, um Konflikte gar nicht erst entstehen zu lassen. Kranke und Behinderte schaffen wir uns aus den Augen, und Trauerzeiten halten wir möglichst kurz. In unserer Welt zählen nur glückliche Beziehungen, mißglückte sehen wir als unproduktiv an. Dorothee Sölle sagte darum in ihrem Buch »Leiden«: »Aus Leiden wird nichts gelernt und ist nichts zu lernen.«

Daß wir Leiden möglichst vermeiden, gilt aber nicht nur für den sozialen Bereich, für unsere Beziehungen, es gilt auch für unser Verhältnis zum eigenen Körper. Obwohl wir wissen, daß physischer Schmerz ein Zeichen von Leben ist, Weigerung des Körpers, sich ein Stück seiner Vitalität nehmen zu lassen, sorgen wir schon beim leisesten Anzeichen einer Unpäßlichkeit für Betäubung. Wir haben Schmerzunempfindlichkeit und Schmerzlosigkeit zum Prinzip erhoben, ohne freilich darüber nachzudenken, was wir uns damit in Wahrheit wünschen. Denn wo der Schmerz endgültig aufhört, da beginnt der Tod. Wir erwarten von den Ärzten – Horst E. Richter hat das in seinem Buch »Der Gotteskomplex« ausführlich analysiert –, daß sie jede Krankheit und dann auch jedes Sterben durch eine konkrete Ursache erklären. Selbst bei Degenerationserscheinungen, die nicht auf äußeren Ursachen beruhen, sondern einfach auf der Abnahme oder Erschöpfung von Lebenskraft, konstruieren wir immer die Mitwirkung von Umweltfaktoren. Krankheit ist in unserem Bewußtsein nicht etwas, was aus uns selber, sondern etwas, was als Verhängnis von außen kommt, denn wir selbst sind, so wähnen wir, in unserer Substanz gesund und intakt. Und Sterben ist in unseren Augen kein natürlicher Prozeß, sondern eine Niederlage im Kampf gegen Feinde, über die die fortschreitende Medizin irgendwann Herr werden wird. Leidensvermeidung um jeden Preis!

Was sind die Folgen dieser Grundhaltung zum Leiden? Die folgenschwerste ist sicher die Ausbreitung der Berührungsangst unter uns. Wer es sich zur Maxime macht, möglichst unbeschädigt und leidensfrei durchs Leben zu gehen, der muß jeder verbindlichen Kommunikation, jeder Liebe, die ihren Namen verliert, aus dem Wege gehen. Für den werden, wie Dorothee Sölle sagt, »Verhütung, Vermeidung und Abtreibung nahezu zwangsläufig zur beherrschenden Lebensaufgabe«. Denn der Wunsch, möglichst wenig Schmerz zu empfinden, und Liebe als

Beziehung, in der man sich selbst aufs Spiel setzt, schließen sich gegenseitig aus.

Umgekehrt: Wer empfindlich bleiben will für die Schmerzen der Welt und die Bedürftigkeit anderer Menschen, der muß selbst fähig sein zu leiden. Leidensvermeidung dagegen kann uns nur unmenschlich machen. Oder ist es ein Zufall, daß wir dem massenhaften Leiden der Menschen überall in der Welt weitestgehend teilnahmslos gegenüberstehen? Ohne Leidensfähigkeit mag es vielleicht Fortschritte in der Technik geben, in Fragen der Wahrheit, der Gerechtigkeit und der Liebe kommen wir ohne sie keinen Schritt voran. Solange uns Leiden ein sinnloses Geschehen ist, bleibt auch Liebe ein sinnloses Wort.

Wie kommen wir zu einer Neuorientierung, zu einer Neubewertung des Leidens? Wie kann Leiden wieder zu einem sinnvollen Geschehen werden, wie es das für Paulus doch offenbar war? Wie kann das inhumane, lieblose Tabu, das wir über das Leiden und alle Leidenden verhängt haben, aufgebrochen werden? Ich denke, das erste, was uns vonnöten ist, ist die Einsicht, daß Gott nicht jenseits des Leidens steht, sondern mitten darin, daß er nicht leidensunfähig und über alles Leiden erhaben ist, sondern daß er die Leiden dieser Welt mitleidet, die physischen genauso wie die psychischen und sozialen. Gott läßt sein Licht nicht von außen in unsere Finsternisse hineinleuchten, sondern er läßt es, wie Paulus sagt, »aus der Finsternis hervorleuchten«, er sprengt sie von innen her auf, indem er sich selbst in sie hineinbegibt.

Auf die Spitze aber wird die Aussage vom leidenden Gott von Paulus getrieben, wenn er sagt, Gottes Leiden zeige sich in unserem Leiden. Wenn ich weine, weint Gott also mit. Wenn ich Schmerz empfinde, stöhnt er mit. Wenn ich ratlos bin, verzweifelt er mit. Und wenn ich einsam bin, teilt er meine Einsamkeit. Noch genauer: Paulus setzt unsere Bedrängnisse, Schmerzen und Depressionen geradezu in eins mit den Bedrängnissen, Schmerzen und Depressionen Jesu: »Immer tragen wir das Sterben

Jesu an unserem Leibe umher.« Unsere Leiden und Jesu bzw. Gottes Leiden sind also nicht zwei verschiedene Dinge, sondern ein und dieselbe Sache.

Aber ist es denn möglich, jedes Leiden, das über uns kommt, gleich welcher Art, mit dem Leiden Christi gleichzusetzen? Paulus hat nicht nur seine Verfolgungen um des Glaubens willen mit dem Leiden Christi in Verbindung gebracht, sondern in einer fast kühnen Selbstverständlichkeit alles, was sein Leben beeinträchtigte, also auch seine Alltagsängste, sein galliges Temperament, seine seelische Labilität, auch sein persönliches Versagen in seinen Gemeinden. Er schlägt keine enge Grenze um die Leiden, die er mit dem Tode Christi identifiziert. Wenn er an den Tod Christi denkt und davon redet, dann fällt ihm wirklich alles ein, was ihn – und mich – hindert, sich am Leben zu freuen. Ein Kommentar zum 2. Korintherbrief sagt denn auch: »Auch der banalste körperliche und seelische Abnutzungsprozeß hat für Paulus den Sinn der Vergegenwärtigung des Todes Christi.« Das Leiden Gottes in Christus ereignet sich also ebensogut, wenn eine alternde Frau sich im Spiegel betrachtet, im Kontor des nachlassenden Managers, im Zerbruch einer Freundschaft oder im Unglück unbeantworteter Liebe. Wo immer Leben gemindert wird und Hoffnung zugrunde geht, da stirbt Christus einen neuen Tod. Darum meinte Blaise Pascal, Gott liege »bis ans Ende der Welt in der Agonie«.

Wenn das aber nicht nur eine theologische Behauptung, sondern gelebte Realität ist, dann ist keiner, der leidet, allein. Dann ist kein Leiden ohne Sinn, weil es immer ein Ort der Gegenwart Gottes ist, ein Ort, an dem ich Gott erfahren kann. Deswegen ist es mehr als eine billige Vertröstung, wenn Jesus die Leidenden glücklich preist: »Selig sind die Leidenden, denn sie sollen getröstet werden.«

Jedes Leiden – ein Ort der Gegenwart Gottes. Mit dieser Aussage ist etwas sehr Wichtiges über die Qualität unserer Leiden gesagt. Wenn Gott sich darin zeigt, dann verflüchtigt sich zwar das Leiden nicht zu einem Nichts –

auch Jesus mußte den bitteren Kelch seiner Passion bis zum letzten Tropfen austrinken! –, aber es wird relativiert. Im eingangs zitierten Passus des 2. Korintherbriefes zählt Paulus viele Dinge auf, die sein Leben beschweren. In dieser Aufzählung gebraucht er viermal ein und dieselbe Formel: »aber... nicht«: »Wir sind allenthalben traurig, aber wir ängstigen uns nicht; uns ist bange, aber wir verzagen nicht; wir werden verfolgt, aber nicht verlassen; wir liegen am Boden, aber wir kommen nicht um.« In diesem vierfachen »aber... nicht« zeigt sich die alles verändernde Wirkung der Gegenwart Gottes in unseren Leiden: Wir haben keinen Grund, Tragödie zu spielen, denn wir sind nicht zum Sterben, sondern zum Leben da. »Die Bedrückten werden doch nicht erdrückt. Die Ausweglosen bleiben nicht ohne Aussicht. Die Verfolgten sind doch nicht verlassen. Und die am Boden liegen, werden nicht am Boden zerstört. Denn: Die Bedrückten werden von sich selbst erleichtert. Die Ausweglosen dürfen über sich selbst hinausschauen. Die Verfolgten laufen Jesus in die Arme. Und zu denen am Boden beugt sich Gott selbst herab« (Eberhard Jüngel). Das meine ich, wenn ich sage, Gottes Gegenwart gebe dem Leiden eine neue Qualität. Sie nimmt ihm seine tödliche Wirkung und macht es zu einem Ort, an dem – heute schon – Auferstehung erfahren werden kann: »Wir tragen allezeit das Sterben des Herrn Jesus an unserem Leibe, auf daß auch das Leben des Herrn Jesus an unserem Leibe sichtbar werde.«

Diese Erfahrung ist allerdings an zwei Bedingungen geknüpft: Einmal müssen wir aufhören, unsere Leiden in uns selbst zu begraben, und wie Paulus anfangen, darüber zu reden. Reden ist der erste Schritt zur Freiheit. »Leiden muß Sprache finden«, sagt Dorothee Sölle. Es muß benannt werden, und zwar nicht nur stellvertretend für andere, sondern von den Leidenden selber. Nur so entgehen wir der Gefahr, von unseren Beschwernissen erdrückt zu werden oder in der Fühllosigkeit unterzugehen. Dabei ist es gleichgültig, wie das Reden geschieht. Es gibt viele Formen von Sprache. Daß wir aber anfangen, uns zu formulieren, davon hängt unser Leben ab.

Die zweite Bedingung: Wer leidend Auferstehung erfahren will, der darf nicht allein bleiben in seinem Leiden, der muß die Gemeinschaft der anderen, der Brüder und Schwestern suchen, ihre Erfahrung, ihren Rat oder auch nur ihre wortlose Solidarität. Leidensbewältigung bedarf der Brüderlichkeit der Menschen. Deswegen sagt Paulus nicht: »Ich bin allenthalben traurig, ich bin bange, ich werde verfolgt, ich liege am Boden.« Sondern er schließt sich angesichts seiner Bedrängnisse mit anderen zusammen zu einem »Wir«: »Wir sind allenthalben traurig, wir sind bange, wir tragen das Sterben Christi an unserem Leibe.« Das wäre nötig: angesichts des Leidens zu lernen, »wir« zu sagen und als »wir« zu leben, dem Leiden die Gemeinschaft der Leidenden entgegenzusetzen, so wie Paulus es im 1. Korintherbrief beschreibt: »Wenn ein Glied leidet, dann leiden alle anderen Glieder mit.«

Das freilich müssen wir – allem protestantischen Individualismus zum Trotz – wohl erst wieder begreifen lernen: daß, wie es im Glaubensbekenntnis heißt, die Heiligen nur in der Gemeinschaft leben und überleben können. Daß es einen kirchenlosen und ungemeinschaftlichen Glauben nicht geben kann. Man kann sicher alles mögliche allein. Nur Christ sein, als Christ glauben und als Christ sich im Leiden bewähren und daraus lernen, das kann man allein nicht. Christ sein heißt, mit anderen teilen: Zweifel teilen, Leiden teilen, Trauer teilen, Leben teilen.

Für die verändernde Kraft der Gemeinschaft gibt es in den von Martin Buber gesammelten chassidischen Erzählungen ein anschauliches Beispiel: »Einst blieb am Abend des jüdischen Versöhnungsfestes der Mond von Wolken bedeckt, so daß der alte Rabbi nicht hinausgehen konnte, um den Mondsegen zu sprechen, wie er es sonst immer zu tun pflegte. Das bedrückte ihn sehr. Vergebens richtete er seine ganze Kraft auf das Licht des Wandelsterns, ihm zur Hilfe, daß er die schweren Hüllen abwürfe. Aber je mehr sich der Rabbi bemühte, immer hieß es, die Wolken seien nur noch dichter geworden. So verließ ihn schließlich die Hoffnung. Indessen hatten seine Schüler, die Chassidim, die vom Kummer des Rabbi nichts wußten, sich auf der Diele des Hauses versammelt und zu tanzen begonnen – sie begingen diesen Tag immer in festlicher Freude. Als die Festfreude wuchs, drangen sie tanzend auch in die Kammer des alten Rabbi vor. Als sie aber den verdüstert Dasitzenden sahen, faßten sie ihn an den Händen und zogen ihn in ihren Reigen. Im selben Augenblick erscholl von draußen ein Ruf: Unversehens hatte sich die Nacht erhellt, und in nie zuvor gesehenem Glanz schwang der Mond am makellosen Himmel.«

Ich wüßte keine Geschichte, die besser zeigte, was echte Gemeinschaft vermag: Sie kann Hoffnungslosigkeit umwandeln in Freude, Depression in neuen Elan, und in einem Menschen, der sich selbst aufgegeben hat, kann sie neue Lebensgeister entfachen. Erfahrung von Auferstehung heute, jetzt: »Wir tragen allezeit das Sterben Christi an unserem Leibe, damit auch das Leben Christi an unserem Leibe anschaubar werde.«

Jürgen Jeziorowski

Paulus war katholisch

Nach fast 2000 Jahren den Völkerapostel Paulus aus Tarsus unvermittelt der katholischen Dimension von Kirche zuzuordnen, das mag zunächst überraschend und fremd klingen. Der fromme Jude Paulus hat im ersten nachchristlichen Jahrhundert ohne jeden Zweifel entscheidende, folgenreiche Impulse für die gesamte spätere Kirchen- und Theologiegeschichte gegeben. Ihn nachträglich aber zum katholischen Kirchenvater vereinnahmen zu wollen, das mag auf den ersten Blick willkürlich, mißverständlich und unpassend erscheinen.

Niemand, der sich nur halbwegs in der Kirchen- und Theologiegeschichte auskennt, wird allerdings die schwerwiegenden Eindrücke des Rabbi Paulus in diese Geschichte in Frage stellen. Es kommt dann aber stark darauf an, den Begriff »katholisch« zu klären, zu reinigen von konfessionellem und von konfessionalistischem Ballast der späteren Jahrhunderte. Die Feststellung »Paulus war katholisch« kann erst dann und nur auf diesem Weg sinnvoll und lesbar entfaltet werden. Eine gewisse begriffliche Vorverständigung erweist sich als notwendig.

Karl Barth (1886 – 1968) – der große Theologe des 20. Jahrhunderts – war in besonderer Weise von Paulus beeinflußt und geprägt. »Der Römerbrief von Karl Barth, Pfarrer in Safenwil« kam 1919 heraus. Kurz nach Beendigung des Ersten Weltkriegs hatte so Paulus an einer zunächst unscheinbaren Stelle wieder ein Wort mitzureden. Barth hat dann später im letzten Teil seiner großen unvollendeten »Kirchlichen Dogmatik« – Band IV/1 – die Katholizität der Kirche als Essential eigener Qualität herausgestellt: »Kirche ist katholisch oder sie ist nicht Kirche« (KD IV/1, S. 784).

Der reformierte Schweizer Theologe hat so katholisch in einem umfassenden Sinn als ökumenisch definiert, als dieselbe Kirche betreffend zu allen Zeiten, in allen Erdteilen und in allen Ländern. Der O-Ton Barth hilft auch, Katholisches bereits bei Paulus implizit zu finden. »Kirche ist katholisch oder sie ist nicht Kirche. Es war ein Zeichen höchster Gedankenlosigkeit und Schwäche auf unserer Seite, als man den Sprachgebrauch einreißen ließ, demzufolge wir dieses Wort als Selbstbezeichnung heute in der Hauptsache den Römischen überlassen, uns selber also – und das womöglich noch mit Nachdruck und Lust! – als Akatholiken, Häretiker, Schismatiker, Sektierer charakterisiert haben, so daß es bei uns schlimmste Beschimpfung bedeutet, wenn man jemandem katholisierende oder gar katholische Tendenzen nachweisen oder doch nachreden zu können meint. Als ob eine ordentliche Kirche und Theologie eine andere als eine – nicht nur katholisierende, sondern allen Ernstes katholische Tendenz überhaupt haben könnte!« (KD IV/1, S. 784). Die eher hilflose Formulierung des Credo im gegenwärtigen evangelischen Gottesdienst »Ich glaube... die heilige christliche Kirche« würde genau in diesen Zusammenhang passen.

Für Barth stand bei Paulus die theologische Qualität – voran im Römerbrief – jenseits allen Zweifels. Damit war die Theologie des Apostels auch als katholische Vision erahnt. Katholisch in diesem weiten Begriff einer anspruchsvollen Ekklesiologie erleichtert den Zugang zur ökumenischen Dimension im Werk des Paulus. Wer den Begriff »katholisch« von einer Teilkirche exklusiv besetzt sein läßt, bleibt zwangsläufig provinziell und wird an die hier gestellte, ungewöhnliche Fragestellung nur schwer herankommen.

Paulus kam als bewußter Diasporajude aus einer religiösen Tradition, die eine Öffnung des Judentums über eine Stammesreligion hinaus schon begonnen hatte, die im Umgang mit den »Völkern« bestens geschult war. Schalom Ben-Chorin hat in seiner Würdigung der bleibenden theologischen Leistung des Völkerapostels eine Öffnung des Horizonts im 6. Jahrhundert v. Chr. im Exil angesetzt. »Das Licht der Völker« (Jes 49,6) deutete bereits an, worauf der Rabbi Paulus später aufbauen konnte (vgl. Schalom Ben-Chorin, »Paulus – der Völkerapostel in jüdischer Sicht«, München 1980, S. 171 ff.).

Paulus stand als pharisäischer Jude und als ein Hebräer aus dem Stamm Benjamin in einer stolzen Tradition. Sein Lehrer Rabbi Gamaliel deutete im Blick auf geistige Weite und auf theologische Tiefe ebenfalls nicht auf einen engen Horizont. Paulus selbst war gut ausgestattet mit Bildung, mit römischem Bürgerrecht, mit Sprachkenntnissen (aramäisch, griechisch, hebräisch und lateinisch), mit pharisäischer Prägung und mit der Fähigkeit zur Teamarbeit. Dieser Schriftgelehrte eigener Qualität hat dann die Weite des Heidenchristentums im Rahmen des Hellenismus bewußt gewollt, ohne in einem unheilbaren Streit mit den Juden und den Judenchristen total zu brechen. Gut zwei Jahrzehnte seines missionarischen Wirkens haben dann katholische Weite in dem ökumenischen Horizont der für Paulus erreichbaren, bewohnten Erde gezielt intendiert. Die theologisch bedeutsame jüdische Diaspora in Babylon und in Persien lag außerhalb seines Horizonts. Die Bibel des Paulus, die durch seine Mission in diese damals hellenistische Welt gebracht wurde, war die Hebräische Bibel. Nicht zufällig war diese Bibel in der Form der Septuaginta als griechische Version auf den Weg gebracht worden.

Paulus ging als Konvertit, als kluger Eiferer in die Kirchen- und Theologiegeschichte ein. Seine tiefen Spuren hängen gerade auch mit der Tatsache zusammen, daß er ursprünglich selbst wohl zu den Verfolgern der noch jungen jüdischen Jesus-Sekte gehört haben dürfte. Die letztlich spärlichen objektiven Quellen berichten von einer Konversion, in der theologisch der Anspruch des jüdischen Messias, König Gottes für die ganze Welt zu sein, sich für den hellenistischen Sprachraum in einer unerwarteten, nur als neues Handeln Gottes in Jesus verstehbaren Weise durchsetzte, durch die Gründung von Gemeinden Jesu unter den Heiden. Diese wußten sich zur Würde Israels erhoben und traten damit neben die Berufung des jüdischen Volkes. Damit wurde die Jesus-Bewegung durch Paulus unumkehrbar auf den Weg der Predigt Jesu und der Mehrheit des damaligen Judentums geführt, die Herrschaft Gottes nicht mit politisch-revolutionären Mitteln, sondern mit dem Wort Gottes anzustreben. Gewaltlos sollte durch Paulus diese neue Botschaft von Jesus, von dem Christus, die damals erreichbare (westliche) Welt friedlich erobern. Die Inkulturation des Evangeliums in die hellenistische Welt galt seit Paulus als weitgehend gelungen. Andere Weltregionen taten und tun sich da wesentlich schwerer. Auch das Christentum mußte inzwischen zur Kenntnis nehmen, daß es in anderen Regionen eine Inkulturation wesentlich schwächer oder gar nicht zustande gebracht hat.

Die sieben echten Paulusbriefe, die alle älter sind als die vier Evangelien, als die Apostelgeschichte und als die späteren Pastoralbriefe, zeigen den Apostel bei der Arbeit als einen ökumenisch rastlos tätigen Missionar, zudem als kompromißlosen Denker und als anspruchsvollen Theologen. Konsequent und deutlich kann er Widerstand leisten, wenn seine katholische Mission auf Hindernisse stößt. Seine Originalbriefe – 1. Thessalonicher, 1. Korinther, 2. Korinther, Galater, Philipper, Römer und an Philemon – lassen einen guten Einblick zu, wie dieser große Theologe argumentiert, gestritten, gelitten und gekämpft hat. Trotz subjektiver Färbung blieb hier in Teilen ein Stück objektiven Nachrichtenwerts erhalten.

Seine Wirkung ging tief, obwohl die Wirkungszeit sichtlich begrenzt war. Die Apostelgeschichte in Kapitel 21 erzählt davon, daß Paulus sich bald ernsthaft mit dem Vorwurf des religiösen Aufruhrs unter den Juden auseinandersetzen mußte. Die von Paulus bewußt gewollte Verweisung dieser Anzeige nach Rom an den Kaiser endete höchstwahrscheinlich mit einem gewaltsamen Tod in der Christenverfolgung unter Nero, der von 54 bis 68 römischer Kaiser war.

Die vier großen Reisen durch den Mittelmeerraum zwischen den Jahren 36 und 56 haben selbst für moderne Abmessung von Reiseentfernung eine beachtliche Weite. Sogar für heutige Verkehrstechnik – weit über das Segelschiff hinaus – gäbe es noch spürbaren Reiseaufwand. Die Frage, ob Paulus wirklich bis Spanien, »an das Ende der Welt«, gekommen ist, kann dabei offenbleiben.

Der produktive Streit mit den gesetzestreuen Judenchristen in und um Jerusalem dürfte die Weite dieses Apostolats über Ort und Zeit hinaus erst eröffnet haben. Schon um 100 muß es in den neuen Gemeinden eine eigene Paulus-Tradition gegeben haben. Auch die Pastoralbriefe, wie 2. Thessalonicher, Kolosser und Epheser, sind hier nicht ohne Wirkung geblieben. Marcion, der umstrittene Häretiker des 2. Jahrhunderts, hat bereits um 160 einen eigenen Kanon der paulinischen Briefe zusammengestellt.

Paulus war in seinem ökumenischen Eifer letztlich nicht zu bremsen. Dabei dürften ihm Widerspruch und auch Widerstand gar nicht so selten in den Synagogen begegnet sein. In dem ältesten erhaltenen Paulusbrief heißt es hierzu: »Sie wehren uns, den Heiden zu predigen« – so zu lesen im 1 Thess 2,16. Diese bittere Klage steht im Zusammenhang mit dem oft mißverstandenen und auch mißbrauchten Satz über seine Volks- und Glaubensgenossen in Jerusalem: »Die Juden haben den Herrn Jesus getötet und die Propheten und haben uns verfolgt und gefallen Gott nicht und sind allen Menschen feind.« (1 Thess 2,15)

Auch diese Töne kann der katholische Paulus anschlagen. Sie werden aber erst verständlich im Zusammenhang mit der großen Heilsgeschichte der Erwählung seines Volkes, wie er das deutlich beschrieben hat im Brief an die Römer 9 bis 11. Vielleicht redet Paulus auch mit sich selbst in Römer 11,18: »So sollst du wissen, daß nicht

Liebe Leserin, lieber Leser,

Wir informieren Sie gerne über weitere Bücher und die Zeitschriften aus dem Kreuz Verlag. Schicken Sie einfach diese Karte ausgefüllt zurück. Übrigens: Wenn Sie gerade Zeit und Lust haben, beantworten Sie doch die nebenstehenden Fragen. Ihre Antworten würden uns helfen, unsere Arbeit effektiver zu machen und noch besser auf die Wünsche unserer Leser abzustimmen.
Herzlichen Dank!
Es grüßt Sie

Ihr
Kreuz Verlag

Dieter Breitsohl
Verleger

Hier meine Antworten:

Haben Sie dieses Buch
❑ gekauft ❑ geschenkt bekommen?
Sind Sie auf dieses Buch aufmerksam geworden durch
❑ Ihren Buchhändler ❑ Empfehlung
❑ Werbung; Besprechung in ❑ Funk ❑ TV
❑ Zeitung/Zeitschrift
Wie hat Ihnen dieses Buch gefallen?
❑ sehr gut ❑ geht so ❑ gar nicht
Kannten Sie den KREUZ Verlag bereits?
❑ ja ❑ nein
Welche Themen vermissen Sie bei KREUZ
❑ Familie, Eltern, Kinder
❑ Selbsterfahrung, Therapie
❑ Bibel und Gemeinde
❑ Postkarten, Poster, Bildbände ❑ Musik
❑ Kinder und Jugendbücher ❑ Umwelt, Natur
❑ Politik, Alltag ❑ Populäre Wissenschaft
❑ Management, Führung
Wo kaufen Sie Ihre Bücher?
❑ Bei meinem Buchhändler ❑ Bahnhofsbuchhandel ❑ Versandbuchhandel ❑ Kaufhaus
Wie viele Bücher kaufen Sie wohl pro Jahr?
❑ 1 bis 2 ❑ ca. fünf ❑ ca. zehn ❑ mehr
Verschenken Sie Bücher?
❑ ja ❑ nein
Welche Zeitschriften lesen Sie regelmäßig?

____

Verraten Sie uns Ihr Alter? __________Jahre.

❑ Bitte informieren Sie mich regelmäßig über die Bücher aus dem KREUZ Verlag

Folgende Themen interessieren mich besonders:

01 ❑ Religion und Spiritualität
02 ❑ Psychologie und Lebenshilfe
03 ❑ Tod und Sterben
04 ❑ Märchen, Mythen, Symbole
05 ❑ Frauenthemen
06 ❑ Bücher zum Verschenken
07 ❑ Die Bücher aus der Edition Schaffer
08 ❑ Gesamtprogramm/Neuerscheinungen
09 ❑ Medizin und Gesundheit
10 ❑ Ratgeber
11 ❑ Musik

00 ❑ Bitte informieren Sie mich auch über die religiösen Zeitschriften aus dem KREUZ Verlag

Vorname/Name oder Institution

Straße, Nr.

PLZ/Wohnort

Beruf

Diese Karte entnahm ich dem Buch:

Bitte freimachen

Antwort

An
Kreuz Verlag
Postfach 80 06 69

D-70506 Stuttgart

du die Wurzel trägst, sondern die Wurzel trägt dich.« Das weltweite Judentum hatte Linien von Katholizität bereits in sich getragen.

Die Predigt des Völkerapostels blieb global und damit katholisch. Diese Verkündigung meinte auch den ganzen Menschen mit Leib, Seele und Geist. Dieses ganzheitliche Menschenbild klingt z. B. deutlich an zum Schluß des 1. Briefs an die Thessalonicher (5,23).

Der Drang in die Weite des Geistes und in die damals erreichbare Geographie gehörte einfach dazu. Die weite Botschaft vom Heilshandeln des Gottes Israels im Leben dieses am Kreuz gestorbenen Jesus von Nazareth ließ keinen Zweifel mehr zu. Die kosmologische und universale Weite dieses Heilshandelns kam dann nicht nur in den zeitlich jüngeren Pastoralbriefen zum Ausdruck. Der Brief an die Galater (4,4f) sagte das bereits mit folgenden Worten: »Als die Zeit erfüllt war, sandte Gott seinen Sohn, geboren von einer Frau und unter das Gesetz getan, damit er die, die unter dem Gesetz waren, erlöste, damit wir die Kindschaft empfingen.« Für die wesentlich spätere römisch-katholische Teiltradition bleibt an dieser Stelle auch erwähnenswert, daß in dem so frühen Zeugnis des Paulus nur an dieser einzigen Stelle die Mutter Maria eigens erwähnt wird.

Der Galaterbrief hilft, die anspruchsvolle Christologie des Paulus zu entfalten. Der Rahmen wird weit abgesteckt, da in der Gemeinde – in Christus – bereits alles angelegt ist. Hier wird heilsgeschichtlich streng theozentrisch argumentiert, wobei die Kreuzestheologie und das Zeugnis von der Auferstehung ihren festen Platz haben. Als heilsgeschichtliches Fernziel leuchtet dann durch, »daß Gott sei alles in allem« (1Kor 15,28).

Zögern, Zweifel und Unschlüssigkeit dürften diesen weitblickenden Missionar nicht mehr belastet haben. Die Linie Adam – Christus, das Sein in Christus, das Telos, Ziel und Ende des Gesetzes, die Rechtfertigung vor Gott aus dem Glauben, die Freiheit in Christus waren dem

Paulus klar. Rückfragen der großen älteren Apostelkollegen dürften zum großen Teil in Verdrängung geraten sein. Bei Jakobus 2,14ff z. B. könnten noch Reste der Kritik an Paulus enthalten sein: »Der Glaube ohne Werke ist tot.«

Die Weltsicht und Weitsicht des Paulus und seiner ausgesuchten Mitstreiter ermöglichte indirekt eine katholische Vision von Kirche. Die Briefe an die Philipper, an die Kolosser und an die Epheser seien hier nur knapp angedeutet: – »daß alle Zungen bekennen sollen, daß Jesus Christus der Herr ist« (Phil 2,11). – »Christus ist das Ebenbild des unsichtbaren Gottes, der Erstgeborene vor aller Schöpfung. Denn in ihm ist alles geschaffen, was im Himmel und auf der Erde ist, das Sichtbare und das Unsichtbare« (Kol 1,15f.) – »In ihm (Christus) hat er uns erwählt, ehe der Welt Grund gelegt war, daß wir heilig und untadelig vor ihm sein sollten« (Eph 1,4). So klang die katholische Predigt des Paulus und seiner wenigen handverlesenen Mitstreiter. Sie boten ihre Sicht vom umfassenden Heilshandeln Gottes in einer christozentrischen Zuspitzung, die in dieser Form auch ihren Widerspruch provozieren mußte.

In Christus gilt die neue Kreatur (Gal 6,15), und zuvor hieß es noch deutlicher: »Hier ist nicht Jude noch Grieche, hier ist nicht Sklave noch Freier, hier ist nicht Mann noch Frau; denn ihr seid allesamt einer in Christus Jesus« (Gal 3,28). Das ist katholische Weite, die Umfassung des Ganzen, die auch das Credo von »der einen, katholischen Kirche« hat später entstehen lassen. Da war selbst die zeitgeschichtlich bedingte Zurückweisung der Frau durch Paulus (1Kor 14,34f) kein schlagendes Gegenargument. Rabbiner wie Schalom Ben-Chorin haben den hilfreichen Hinweis gegeben, daß es sich hier um eine Unruhe durch Unterhaltung u. ä. in der Synagoge gehandelt haben könnte. Ben-Chorin verweist in seinem Buch über Paulus (a.a.O., S. 109) auf den störenden Lärmpegel in der Frauenabteilung mancher orthodoxen Synagoge.

Ähnlich argumentiert die beachtenswerte, gründliche Paulus-Biographie von Wolfgang Feneberg (»Paulus der Weltbürger«, München 1992, S. 196).

Paulus blieb auf seine Weise kirchlich und theologisch aktuell. Seine Arbeitskraft, seine Hingabe, sein Eifer waren sicher nicht grenzenlos belastbar. Seine Öffnung der Christus-Botschaft für andere Völker, implizit für die gesamte Völkerwelt, für alle Rassen, für die gesamte bewohnte Erde brachte den großen Durchbruch. Den missionarischen Zugang zu der griechisch-römischen Welt hat unumkehrbar genau dieser Völkerapostel und Weltbürger eröffnet. Den folgenreichen Sprung nach Europa hatte Paulus geschafft. Der Preis einer gewissen Distanzierung vom Judentum und von den Judenchristen mußte und konnte dabei in Kauf genommen werden.

Paulus selbst war sicher auch schwierig, nicht unumstritten und nicht für alle in allem überzeugend. Im kirchlichen und im politischen Alltag dürfte er auch mitunter hinter seinen hohen theologischen und ethischen Ansprüchen zurückgeblieben sein. Seine Gegner hatten es da immer wieder mit Kritik und mit Zwischenrede versucht. Hindern konnten sie ihn letztlich nicht, seine Sicht des universalen Heilsplans in Jesus Christus zu transportieren und für alle zu predigen.

Als Person mag dieser erfolgreiche Botschafter des Glaubens Niederlagen, Schwächen und Krankheiten immer wieder erlebt und erlitten haben. »Meine Kraft ist in den Schwachen mächtig«, so hat sich der geplagte Paulus auch selbst getröstet (2Kor 12,9). In den Briefen wurde mehrfach eine Krankheit angedeutet, die medizinisch nie ganz aufgeklärt werden konnte. Psychologisch gesehen, dürfte diese Krankheit den Missionar noch zusätzlich beflügelt und angetrieben haben. Paulus sagte über sich: »Ein Pfahl ins Fleisch ist mir gegeben« (2Kor 12,7); »Wir tragen das Sterben Jesu an unserem Leibe« (2Kor 4,10); »Ich sterbe täglich« (1Kor 15,31); »Ich trage die Malzeichen Jesu an meinem Leibe« (Gal 6,17). Medizinische Unklarheit blieb über diese Andeutungen erhalten. Die Deutungen über den Epileptiker Paulus gehören eher in den Bereich der Spekulation.

Trotz dieser nur angedeuteten Schwächen konnte der Apostel selbstbewußt und stolz auf seine Arbeit verweisen. »Ich habe viel mehr gearbeitet als sie alle« (1 Kor 15,10; vgl. 2 Kor 11,22ff). Mehrfach führt er Leidens- und Gefahrenkataloge an. Innere und äußere Kraft kamen dann doch zusammen und schufen einen umfassenden, dynamischen Anspruch. Das große Programm »laßt euch versöhnen mit Gott« (2 Kor 5,20) vertrug in diesem Kontext kein Getto, keine Enge, keinerlei Einschränkungen.

Die Judenchristen und die Heidenchristen gehörten eben doch untrennbar zusammen. Es handelte sich um eine mögliche Entfaltung biblisch-jüdischen Denkens, durch die Menschen im Judentum und aus den Völkern zu einer neuen Gemeinschaft zusammengeführt wurden. Da war schon die Perspektive von der einen katholischen Kirche elementar visionär angelegt, die sich also nicht erst mühsam aus einem theoretischen Überbau hätte entwickeln und herleiten müssen.

Für Paulus bestand Grund zur Eile, da viel auf dem Spiel stand und die Zeit gerade auch als »Zeit der Gnade« (2 Kor 6,2) knapp bemessen blieb. Die Raffung von Zeit gehörte in diesem apokalyptischen Jahrhundert selbstverständlich dazu. Über diese Apokalyptik hinaus sah Paulus eine Zeitenwende großen Ausmaßes gekommen.

Sein deutliches Credo hatte dieser Apostel des weiten Horizonts genau in seinem »Kairos« auszurichten und weiterzugeben. »Der geringe Apostel«, »die unzeitige Geburt« (1Kor 15) stand in einem Jahrhundert-Auftrag. Diese Predigt mußte genau jetzt unter die Völker, sie mußte hinaus, sie mußte Grenzen sprengen. Die unbeschnittenen Heiden, die Menschen ohne Tora mußten heimgeholt werden.

Unter dem Christus ging das, da der Glaube an Jesus Christus und die Taufe zur Vergebung in seinem Namen in das Volk Gottes gültig und verbindlich eingliedert. Das alles war dem katholischen Paulus auch manchen Streit wert.

Nach dem Apostelkonzil in Jerusalem um 48/49 hatte es Streit in Antiochien, voran mit Petrus, gegeben: »Ich widerstand ihm ins Angesicht, denn es war Grund zur Klage gegen ihn« (Gal 2,11). Im Brief an die Philipper wurde Paulus noch deutlicher: »Nehmt euch in acht vor den Hunden, nehmt euch in acht vor den böswilligen Arbeitern, nehmt euch in acht vor der Zerschneidung« (Phil 3,2). Mitunter gab es solche bösen Wortspiele einer überscharfen Grenzziehung. Gerade der Galaterbrief kennt diese Sprache in der eindeutigen Warnung vor »einigen falschen Brüdern« (Gal 2,4).

Paulus blieb dabei Überzeugungstäter. Seine Grundregel vom Anfang des Briefes nach Rom blieb wegweisend: »Ich schäme mich des Evangeliums nicht; denn es ist eine Kraft Gottes, die selig macht alle, die daran glauben, die Juden und ebenso die Griechen« (Röm 1,16). Der Begriff »alle« erhielt auch hier eine überragende Bedeutung.

Paulus hatte sich mit seiner großen Vision vom neuen Gottesvolk durchgesetzt, daß er in einer Art Arbeitsteilung freie Hand für die Heiden und für die Heidenchristen ertrotzt hat. Die Apostel gingen nicht erst nach diesem Streit getrennte Wege. Die enge Verbindung nach Jerusalem sollte aber trotzdem nie ganz abreißen. Die Kollekte für Jerusalem hielt Paulus immer bei. Auch dies kann als ein Zeichen der Katholizität seiner Mission ohne Grenzen angesehen werden, auch wenn er nicht immer freiwillig gehandelt hat.

Die Wirkungsgeschichte des Theologen Paulus hat ihren eigenen Höhepunkt in einer überzeugenden Entfaltung der Rechtfertigung des Sünders aus dem Glauben. Hier haben gerade die Briefe an die Römer und an die Galater die Kirchen-, Dogmen- und Theologiegeschichte entscheidend beeinflußt. Was wäre aus dem katholischen

Augustinermönch Martin Luther (1483 – 1546) ohne Paulus geworden? Der Reformator dürfte gerade am Römerbrief seinen befreienden Durchbruch erlebt haben.

Es ging auch im 16. Jahrhundert um eine Fernwirkung des Paulus bis Wittenberg, als der geplagte Augustiner die Grenzen der lukrativen päpstlichen Leistungsreligion sprengen wollte. Paulus sorgte für das Turmerlebnis Luthers, in dem am Rande tiefer Depression und Verzweiflung klarwerden konnte, daß der Glaube vor Gott gilt, daß dieser Glaube den Menschen aufrichtet, daß der Glaube die Angst nimmt, daß der Glaube neue Freiheit schenkt. Die lutherische Kirche mit ihrem »sola fide« (allein durch den Glauben) – aus guter katholischer Tradition – hat ihre Affinität zu Paulus über den Umweg Wittenberg nie verleugnet. Dieser Apostel gehörte dann selbstverständlich nicht nur dieser einen Teiltradition der Christenheit. Der große Paulus eignet sich auch hier nicht für eine partielle Vereinnahmung.

Die Wirkung der paulinischen Rechtfertigung auf Karl Barth wurde bereits gewürdigt. Die wuchtige Lebensleistung des Schweizer Theologen läßt sich nur aus der immensen Fernwirkung des Völkerapostels bis ins 20. Jahrhundert erklären. Wie der Augustiner aus Wittenberg begann der Pfarrer von Safenwil nicht durch Zufall auch eben genau beim Brief an die Römer. Die Rolle des Paulus in dem Mammutwerk »Kirchliche Dogmatik« (1932 ff) von Barth wäre eine eigene umfassende Analyse wert.

In der ganz frühen Kirchengeschichte hatte Paulus einen besonders eifrigen, gelehrigen und einflußreichen Schüler in Kirchenvater Augustinus (345 – 430). Paulus hat speziell durch seinen Brief an die Römer auch auf Augustin gewirkt. Augustins große Bekehrung wird direkt mit der Lektüre des Römerbriefs zusammengebracht. Die Rechtfertigung des Sünders aus Gnade und die Freiheit durch den Glauben konnten auch hier unmittelbar erfahren und neu aktuell reflektiert werden. Augustin hat den

Paulus in seinen umfangreichen Schriften immer wieder direkt aufgenommen und für seine Zeit aktualisiert. Die lateinische Sprache hat allerdings die Ausstrahlung auf Afrika begrenzt, nahezu verhindert, was später eine Stabilisierung des Islams gerade in Nordafrika nachhaltig befördert hat.

Es ist sicher kein Zufall, daß gerade Mönche des Augustinerordens viele Jahrhunderte nach Augustin die Reformation der Kirche mit einer gezielten Rückbesinnung auf die biblischen Quellen, wobei die Briefe des Paulus eine bevorzugte Stellung einnahmen, vorangebracht haben.

Diese Andeutungen über folgenreiche Fernwirkungen des Apostels Paulus haben hier die übergreifende Kraft dieser Theologie aufzeigen wollen. Katholizität hatte so eine Qualität gezeigt, die das Ganze meint, die Raum und Zeit übergreift. Herausgegriffen wurden nur einige markante Gestalten einer reichen Theologiegeschichte, die lediglich als Beispiele und Teile eines viel größeren Zusammenhangs vorgestellt worden sind.

Bei allem Respekt vor der Lebensleistung des Paulus meldet sich gerade von jüdischer Seite mitunter auch dezent Kritik zu Wort. In Anlehnung an einen alten jüdischen Midrasch fragt z. B. Schalom Ben-Chorin, ob nicht im himmlischen Lehrhaus Jesus durch Paulus erst die tieferen Geheimnisse um den präexistenten Christus erfahren wird (a.a.O., S. 51). Dieser vorsichtige Humor mindert den Respekt vor der Leistung des Völkerapostels sicher nicht.

Georg Denzler

Paulus forderte kein Zölibat

Jesus von Nazareth, der Sohn der Jungfrau Maria, blieb ehelos, machte aber niemand, auch nicht seinen Aposteln, Ehelosigkeit zur Pflicht. Andererseits respektierte er die Ehe wie alle anderen irdischen Wirklichkeiten auch. Doch verurteilte er in scharfem Widerspruch zur Tradition die Ehescheidung radikal: »was Gott verbunden hat, das darf der Mensch nicht trennen« (Mt 19,6). Auf dieses Scheidungsverbot beziehen sich Vers 19,11: »Nicht alle können dieses Wort fassen, sondern nur die, denen es gegeben ist« und der Schluß von Vers 19,12: »Wer das erfassen kann, der erfasse es.« Und selbst wer diesen Ruf mit dem unmittelbar vorausgehenden Eunuchenspruch (»Manche sind von Geburt an zur Ehe unfähig, manche sind von den Menschen dazu gemacht, und manche haben sich selbst dazu gemacht – um des Himmelreiches willen«) verbinden möchte, wird zugeben müssen, daß es sich dabei nicht um einen Befehl Jesu an alle Jünger oder auch nur an die Amtsträger zum Verzicht auf die Ehe handelt. Wohl aber kennt und anerkennt Jesus die Gnadengabe der Ehelosigkeit »um des Himmelreiches willen« (Mt 19,12). Vielleicht wollte er damit in erster Linie seine eigene Ehelosigkeit verteidigen gegen böse Angriffe von Juden, welche das Wort »Eunuch« gleich jenem anderen Ausspruch »Fresser und Weinsäufer« (Mt 10,25) vermutlich als Schimpfwort gegen ihn gebrauchten.

Nicht bloß an dieser Stelle, im gesamten Neuen Testament findet sich kein Hinweis darauf, daß die Ehelosigkeit einem bestimmten Personenkreis, etwa den Aposteln oder Jüngern Jesu, als Charisma versprochen worden wäre. Aus dem an Jesus gerichteten Wort des Petrus »Wir haben alles verlassen und sind dir nachgefolgt« (Mt 19,27) schließen zu wollen, wie es später mancher kirchliche Schriftsteller getan hat, daß die verheirateten Apostel, an der Spitze Petrus, dessen Schwiegermutter in der Bibel klar bezeugt ist, Hab und Gut und damit auch ihre Ehefrauen verlassen hätten, führt in die Irre. Ein solches Vorgehen widerspräche allein schon dem erwähnten Scheidungsverbot Jesu. Die meisten Apostel waren verheiratet und blieben es auch nach ihrer Berufung zur speziellen Jesus-Nachfolge. Trotzdem ist anzunehmen, daß Christen beiderlei Geschlechts schon bald auf die Heirat verzichteten, weil sie den religiösen Ruf zu einem zölibatären Leben in sich verspürten und mit ungeteilter Kraft für das von Jesus verkündete Reich Gottes wirken wollten.

Wie Jesus erhob auch der Apostel *Paulus* keine Forderung der Ehelosigkeit. Obwohl er selbst ledig blieb und seinen zölibatären Stand allgemein empfahl, wußte er doch sehr genau: »Jeder hat seine Gnadengabe von Gott, der eine so, der andere so« (1 Kor 7,7). Deshalb teilte er auch den Christen in Korinth mit: »Was die Frage der Ehelosigkeit angeht, so habe ich kein Gebot vom Herrn« (1 Kor 7,25). Wenn er den Rat gab, ehelos zu bleiben, geschah es einmal in der Meinung, daß das Ende der Welt nicht mehr lange auf sich warten lasse, und dann in der Überzeugung, daß das ehelose Leben eine größere Freiheit für »die Sache des Herrn« gewähre. Obwohl er die Entscheidung für die Ehe nicht als Sünde verurteilte, gab er doch unmißverständlich zu erkennen, daß der Ehelose unter dem eschatologischen Vorbehalt eine bessere Wahl getroffen habe: »Wer seine Jungfrau heiratet, handelt also richtig; doch wer sie nicht heiratet, handelt besser.« Dasselbe riet er übrigens auch den Witwen. Wenngleich einer Wiederverheiratung nichts im Weg stehe, meinte er die Witwe doch glücklicher preisen zu müssen, »wenn sie nach meinem Rat unverheiratet bleibt« (1 Kor 7,25–40). Eine gewisse Reserve gegenüber dem Eheleben ist hier also nicht zu übersehen.

Paulus ist ein großartiger Zeuge dafür, daß »die übrigen Apostel, die Brüder des Herrn (Jesus) und Kephas Ehefrauen mit herumführten«, und nahm auch für sich dasselbe Recht in Anspruch, »eine Schwester (Christin) als Ehefrau mitzuführen« (1 Kor 9,5). Die Interpretation »Ehefrau« (statt Gehilfin) findet sich schon bei Schriftstellern wie Tertullian, Klemens von Alexandrien und Hilarius von Poitiers. Erst der Mönch Hieronymus machte später – anfangs übersetzte auch er noch »Ehefrau« – aus der Ehefrau eine »Schwester« im Sinn einer Begleiterin oder Dienerin. Gerade weil Jesus die Ehe für unauflöslich hielt, war es eigentlich nur konsequent, wenn die Apostel sich bei ihrer Arbeit für das Evangelium von ihren Ehefrauen nicht trennten und sie auch bei Missionsreisen mitnahmen, zumindest in Einzelfällen.

Daß nicht alle, die sich zum Dienst für das Reich Gottes entschlossen, deswegen auch auf die Ehe verzichten wollten oder mußten, beweisen Aussagen in den nicht von Paulus direkt stammenden, jedoch in seinem Sinn verfaßten Pastoralbriefen des Neuen Testaments. Die gegen Ende des 1. Jahrhunderts geschriebenen *Briefe an Timotheus und Titus* enthalten den wie eine Forderung anmutenden Appell: »Deshalb soll der Bischof ein Mann ohne Tadel sein, nur einmal verheiratet... Er soll ein guter Familienvater sein und seine Kinder zu Gehorsam und allem Anstand erziehen« (1 Tim 3,2–4). Die Christen der ersten drei Jahrhunderte feierten ihre Gottesdienste in kleineren oder größeren Familienkreisen. Vom Leiter (Episkopos oder Presbyter) solcher Zusammenkünfte erwartete man die Qualitäten eines guten Familienvaters; denn »wer seinem eigenen Hauswesen nicht vorstehen kann, wie soll der für die Kirche Gottes sorgen?« (1 Tim 3,5). Daß im *Brief an Titus* zu lesen ist, der Presbyter dürfe »nur einmal verheiratet sein« (Tit 1,6), bedeutet nicht das Verbot einer zweiten Heirat nach dem Tod des Ehepartners, obwohl diese Auffassung im Widerspruch zur Einstellung des Paulus bald zu einer festen kirchlichen Tradition im Osten wie im Westen wurde. Ausgesagt wird hier vielmehr, daß der Presbyter seine Frau als einzige und mehr als alles andere lieben soll.

Trotz des Rufes zur Jungfräulichkeit finden wir also im Neuen Testament kein *Gesetz*, welches die Presbyter der Kirche zur Ehelosigkeit verpflichtet. Es ist darum historisch falsch, das Zölibatsgesetz als eine apostolische Überlieferung hinzustellen. Der Münchener Kirchenrechtsprofessor Klaus Mörsdorf formulierte mit Bedacht: »Weder die Worte des Herrn noch die des Apostels lassen einen Bezug zum Priestertum erkennen, dürften aber durch den Hinweis auf die besondere Gnadengabe der Jungfräulichkeit Antrieb für den Zölibat gewesen sein.«

Hans-Georg Lubkoll

Paulus und das geistige Europa

Ein Brief, gerichtet an den Apostel

Hochverehrter Apostel,
lieber Bruder Paulus,
über Deine Bedeutung für das geistige Europa könnte ich einen Essay verfassen, aber ich ziehe es vor, Dir einen Brief zu schreiben. In der Transzendenz wird man Wege und Mittel finden, Dir diesen Brief zur Kenntnis zu bringen, falls man dort Wert darauf legt, daß Du erfährst, wie ein spätgeborener Europäer über Dich denkt.

Dir einen Brief zu schreiben, fällt mir nicht schwer, weil ich, über Deine Briefe gebeugt, in einem ständigen Gedankenaustausch mit Dir stehe. Ich vernehme sogar Deine Stimme – Deine freundliche und gewinnende in Deinem Schreiben an die Philipper und Dein zorniges Aufbrausen in jenem Brief, den Du an die Galater gerichtet hast.

Ich rede Dich mit »hochverehrter Apostel« an, weil ich der Kraft Deines Geistes und Deinem schriftstellerischen Werk höchste Anerkennung zolle. Zugleich nenne ich Dich »lieber Bruder Paulus«, denn Du bist mit dem, was Du zu sagen hast, meinem Denken und Fühlen nahe – mit einer Ausnahme. Was Du in Deinem ersten Korintherbrief über die Frauen und die Liebe sagst, ist mir unendlich fremd und wird mir stets fremd bleiben. Hast Du es nie erlebt, wie zauberhaft Frauen sein können? Mit dieser Randbemerkung hat sich meine Kritik an Dir auch schon erschöpft. Im übrigen stehe ich mit Bewunderung vor Deiner Person und Deinem Lebenswerk.

Aber bewundert Dich auch Europa? Du hättest es verdient, denn schließlich bist Du der erste Europa-Missionar gewesen (Apg 16,14–15). Daß der erste Christ auf europäischem Boden eine Frau gewesen ist, entbehrt nicht eines gewissen Reizes, bedenkt man, wie distanziert Du Dich gegenüber den Frauen in Deinem ersten Korintherbrief geäußert hast.

Ganz Europa wäre gut beraten, würde Dir der Kontinent mit Bewunderung gegenüberstehen. Schließlich hast Du der Botschaft von Jesus eine Sprache gegeben, die dem europäischen Geist entgegenkommt. Diese Fülle von Begriffen! Unser Herr hat in seiner Rede auf die Kraft der Verben vertraut, Du aber hast beim Schreiben Deiner Briefe im hohen Maße die Gußformen verwendet, aus denen die festen Begriffe hervorgehen. Zumindest jeder Jurist in Italien hätte Deinen Brief an die Römer beim erstmaligen Lesen mühelos verstehen müssen. Aber hat er ihn auch verstanden? Ich habe meine Zweifel.

Als Spätgeborener kann ich nur beklagen, daß Du schon sehr früh ein Opfer menschlicher Verständnislosigkeit geworden bist. Kaum warst Du 100 Jahre tot, hat doch ein christlicher Lehrer etwas anzüglich bemerkt, in Deinen Briefen seien etliche Dinge schwer zu verstehen (2 Petr 3,16). Die Schwierigkeit, Dich zu verstehen, hat sich bis heute erhalten. Das zeigt sich daran, daß Dich die gegenwärtigen Europäer nur sehr spärlich zitieren. »Jedermann sei untertan der Obrigkeit, die Gewalt über ihn hat« (Röm 13,1) – dieses Wort kennen immerhin die Älteren noch, weil sie es in der Schule auswendig lernen mußten. Ein zweites Wort aus Deiner Feder ist, und das ist fast makaber, in die Verfassung der inzwischen untergegangenen Sowjetunion aufgenommen worden: »Wer nicht arbeiten will, soll auch nicht essen« (2 Thess 3,10).

Leider kann ich Dir nicht vermelden, daß Du in Europa volkstümlich geworden seist. Aber man hat Dich stets mit Verehrung und Respekt behandelt. Du bist zum Patron vieler Kirchen erhoben worden, bei den evangelischen Christen ebenso wie bei den Katholiken. Manche mögen denken: »Der Römerbrief ist uns zwar zu hoch, aber wir nennen unser Gotteshaus St. Pauluskirche, und darauf sind wir stolz!« Ist es gut, nicht verstanden, aber verehrt zu werden? Besser wäre es, die Kunst des Verstehens würde sich mit Hochachtung verbinden.

Trotz aller Verstehensschwierigkeiten war Dein Einfluß auf das geistige Europa groß, auch wenn das die meisten Europäer nicht wissen. Wie Du uns zwischen Sizilien und Nordkap, Ural und Portugal geprägt hast, versuche ich später in diesem Brief darzustellen, so gut ich es vermag. Vorerst aber beklage ich, daß Du schon drei Jahrzehnte nach Deinem Tod nicht mehr verstanden worden bist:

Ein gewisser Clemens in Rom hat im Jahre 96 an die Gemeinde in Korinth einen Brief geschrieben, der nichts Gewinnendes an sich hat. Jener Clemens beschwört zwar Deine Autorität, aber er kann nicht vermitteln, was Du gelehrt hast. Deine Rede von der Zuwendung Gottes ersetzt er durch platte moralische Ermahnungen. Auch läßt er sich dazu hinreißen, zu behaupten, Christen müßten ihrem Bischof genauso gehorchen wie Christus. Eine solch lästerliche Weisung wäre Dir nie aus der Feder geflossen! Du hattest etwas anderes zu sagen: »Werdet nicht der Menschen Knechte!« (1 Kor 7,23).

Ich teile es Dir nicht gern mit, aber es ist leider wahr: Über Deinen großartigen Römerbrief legte sich zunächst einmal für mehr als 1500 Jahre völlige Finsternis. Die Prediger und die Bischöfe haben Dich nicht mehr verstanden, von den Päpsten ganz zu schweigen. Doch dann, nach dem Jahre 1512, bist Du wieder zu Ehren gekommen. Martin Luther hatte Dich verstanden und die Zuwendung Gottes, das Herzstück Deiner Botschaft, machtvoll und leidenschaftlich interpretiert. Du wurdest, wohl das einzige Mal von Deinen Erdentagen bis heute, zu einem volkstümlichen Mann. Auf den Gassen, in den Schenken und Barbierstuben war von Dir die Rede, und die Freude über das wiederentdeckte Evangelium war in den Herzen der Menschen groß. Du hast es vermocht, ihnen wahre Höllenängste zu nehmen und ihnen Zuversicht zu geben.

Lieber Bruder Paulus, Du hast ganze Generationen angstfrei gemacht. Schon deshalb rechne ich Dich zu den ganz Großen in der europäischen Geistesgeschichte. Während der Reformationszeit hattest Du Deine ganz große Epoche, und ein deutscher Maler, Albrecht Dürer, hat Dir ein Denkmal gesetzt. Er hatte Deine Art, das Evangelium zu erklären, verstanden, und auch Dein Wesen war ihm offenbar nicht fremd. Er hat Dich gemeinsam mit Petrus dargestellt. Mit dunklen, hellwachen und leidenschaftlichen Augen schaust Du mich an, wenn ich das Bild Dürers betrachte. Das ist leicht möglich, denn nach einem Spaziergang von nur 45 Minuten habe ich Dich auf Dürers Bild vor Augen. Sein Bild spricht mich mehr an als die meisten der unzähligen Biographien, die über Dich geschrieben worden sind.

Noch einmal, 400 Jahre nach der Reformation, im Jahre 1917, ist Dein Name zum Leuchten gebracht worden. Ein Schweizer Pfarrer, Karl Barth, hatte Deinen Römerbrief auf eine provozierende Weise ausgelegt und gezeigt, daß es Dir um das befreiende Handeln Gottes gegangen ist und nicht um die schillernden religiösen Vorstellungen der Menschen. Der Unterschied zur Zeit der Reformation: Bewegt waren nahezu nur die Theologen; am sogenannten Fußvolk der Kirche ist Barths Römerbrief vorbeigeglitten. Doch auch bei den Theologen waren 50 Jahre später Anzeichen der Erschlaffung zu bemerken. Ich tue es ungern, muß es aber tun und Dir mitteilen: Deine Rede vom handelnden Gott wird gegenwärtig weithin durch Psychologismen ersetzt. Einer unserer Professoren in Heidelberg spricht von der »Verelendung« der Predigt. Er führt sie darauf zurück, daß nicht wenige Predigerinnen und Prediger »vaterlos« geworden sind. Sie lesen zu wenig in der Schrift, was man von Dir wahrhaftig nicht behaupten kann. Du hättest nicht so oft und zutreffend aus der Schrift zitieren können, wenn Du nicht so ausdauernd im Alten Testament, Deiner Hebräischen Bibel, gelesen hättest. Keine Frage: Die eifrigen europäischen Bibelleser, die es nach wie vor gibt, stehen in Deiner Tradition.

Bedenke ich die von Dir ausgelöste »Wirkungsgeschichte«, beschleicht mich der Verdacht, Deine reiche und tiefe Gedankenwelt habe etwas »Elitäres« an sich. So verhält es sich wohl auch, was die tiefsten Deiner Gedanken angeht. Und doch hast Du, als Du mit dem Schiff im griechischen Philippi angekommen bist, einiges nach Europa mitgebracht, das auf unserem Kontinent Wurzeln geschlagen hat, wenn auch bei einigen Deiner Pflanzen Mutationen nicht zu übersehen sind.

Du hast uns Europäern die Pflicht zur Nächstenliebe eingeschärft. Nicht ohne Erfolg, denn die Hilfsbereitschaft ist unter uns zu einem allgemeinen Kulturgut geworden. Diesen gewaltigen Schritt nach vorn sehen viele nicht, weil ihnen die Vergleichsmöglichkeit mit der antiken Gesellschaft fehlt. An die Grausamkeiten, die zu Deiner Zeit im Mittelmeerraum üblich waren, brauche ich Dich nicht zu erinnern; Du hast sie oft genug am eigenen Leib erlitten. – Gegenwärtig sagen viele: »Durch den christlichen Glauben hat sich seit 2000 Jahren nichts geändert.« Diejenigen, die so reden, haben in einer Hinsicht unrecht: Mit Jesus ist, damals als etwas völlig Neues, die Nächstenliebe in die Welt gekommen, und ich kann Dir, lieber Paulus, versichern: Deine Aufrufe, Nächstenliebe zu üben, sind in Europa nicht auf unfruchtbaren Boden gefallen. Viele Spenden gehen per Überweisung den wohltätigen Organisationen zu. Deine Weisung »Laßt uns aber Gutes tun und nicht müde werden« (Gal 6,9) wird in Europa von vielen gehört und beherzigt, nur von den krassen Egoisten nicht, aber das ist Dir nicht fremd, denn Egozentriker hat es ja bereits zu Deiner Zeit in erheblicher Zahl gegeben.

Der heute in Mode gekommene Vorwurf, der christliche Glaube habe im Grunde seit fast 2000 Jahren nichts verändert, wird, wie ich Dich zu kennen glaube, Dein reges Interesse gefunden haben. Vielleicht fragst Du sogar: Bin ich etwa vergeblich gelaufen, habe ich vergeblich gearbeitet? (Phil 2,16). In einer Hinsicht haben die Kritiker zweifellos recht: Der Mensch, so wie er von Natur beschaffen ist, hat sich nicht geändert, doch das hast Du ja in Deinem Römerbrief (1,18–3,20) eindrucksvoll beschrieben, das unausweichliche Verhängnis des Menschen, der von Gott noch nicht aufgeweckt worden ist.

Der geistig wache Europäer kann Deine Anthropologie, Deine Darstellung des Menschen, leicht zur Kenntnis nehmen; er braucht sich nur in Deinen Römerbrief zu vertiefen, aber er tut es in der Regel leider nicht. Er könnte bei Dir eine nüchterne Betrachtung der Welt lernen, aber statt dessen verfällt er einem lauten Lamento, beklagt den Lauf der Welt und gibt sich der Wehleidigkeit hin. Er fühlt sich »frustriert«, aber mit diesem vornehm klingenden Fremdwort verdeckt er nur das Mitleid mit dem eigenen Ich. Eine ausgeprägtere Männlichkeit könnte sich der gegenwärtige Europäer bei Dir abholen, denn Du hast nicht umsonst gesagt: »Wacht, steht im Glauben, seid männlich und seid stark!« (1 Kor 16,13).

Vielleicht ist Dir die Darstellung des Menschen, der als Rebell gegen Gott auftritt, zu kompakt geraten, zu dicht, so daß der moderne Europäer Schwierigkeiten hat, Dir zu folgen. Aber ihm kann geholfen werden: Er braucht nur die Sündenfallgeschichten der Genesis zu lesen (Gen 3–11). Dort findet er in erzählender Form, was Du in der Sprachform der Feststellung ausgesprochen hast. Zwischen den Sündenfallgeschichten des Alten Testamentes und Deiner Beschreibung des Menschen im Römerbrief besteht eine völlige Übereinstimmung. So hast Du bestätigt, lieber Paulus, was Martin Buber gesagt hat: »Die Bibel will als *ein* Buch gelesen werden.«

Lange habe ich nach den Impulsen gesucht, die Du unserem Kontinent gegeben hast. Ich meine, daß ich fündig geworden bin. Aber zugleich habe ich bemerkt, daß Europa Deine Denkanstöße weithin säkularisiert hat.

An Deiner Vorstellung von Freiheit ist mir das besonders deutlich geworden. In Deinem Galaterbrief hast Du die Freiheit geradezu überschwenglich gefeiert: »Zur Freiheit hat uns Christus befreit! Laßt euch nicht wiederum in das Joch der Sklaverei einfangen!« (Gal 5,1). Zum Glauben an Christus, hast Du gesagt, muß nicht ein bestimmter Lebensstil hinzutreten, wenn der Glaube vollkommen sein soll, denn sobald das Heil vom Menschen abhängt, ist der heilstiftende Tod Jesu umsonst gewesen. Das hast Du den Galatern mit zwingender Logik deutlich gemacht. Ich kann nur hoffen, daß Du heute von den christlichen Gruppen verstanden wirst, die in ihrem Frömmigkeitsstil eine heilsnotwendige Voraussetzung sehen.

Deine Vorstellung von Freiheit war in Gott verwurzelt. Anders konntest Du es als Jude auch gar nicht sehen, ist Dir doch in Deiner Bibel, dem Alten Testament, der freiheitsstiftende Gott immer wieder begegnet, vom Auszug aus Ägypten bis zum Geschehen auf Golgatha. In der Geschichte Europas hingegen ist – mit Deinen und meinen Augen gesehen – die Freiheit von ihrer Wurzel abgeschnitten worden. Der selbstmächtige Mensch hat sich als Stifter der Freiheit ausgegeben und stillschweigend vorausgesetzt: Meine Freiheit muß nicht auch die Freiheit des anderen sein. So haben die Menschen während der Französischen Revolution leidenschaftlich »Liberté!« gerufen und gleichzeitig Köpfe rollen lassen. Die Suche nach Freiheit ohne Besinnung auf Gott kann nicht gelingen.

Ich nehme an, lieber Apostel, daß Du dort, wo Du Dich jetzt aufhältst, umfassend informiert bist und von jener Denkrichtung Kenntnis hast, die man hier auf Erden die »Theologie der Befreiung« nennt. Diese Theologie wurzelt im freiheitsstiftenden Gott. Die Befreiung Israels aus Ägypten wird als Geschichte der Hoffnung immer wieder erzählt, auch von den schlichten armen Leuten in Südamerika.

Konservative Theologen in der katholischen Kirche versuchen immer wieder, die Theologie der Befreiung zu verdächtigen. Du hättest das, auf das Alte Testament gegründet, nie getan, zumal Du eher ein Revolutionär als ein Konservativer gewesen bist. – Nicht ohne Vergnügen bemerke ich, daß vor allem deutsche Theologen elegant am Vatikan vorbei und über ihn hinweg denken, der sein Mißtrauen gegen alle in Gott begründeten Freiheitsbewegungen nicht los wird.

Wie schonungslos Europa die Impulse, die wir Dir verdanken, säkularisiert hat, zeigt sich auch am weiten Feld der menschlichen Begabungen. Du hast Dich eingehend mit den Charismen, den Gaben, beschäftigt und dargelegt, daß jeder mit seiner Begabung für den anderen da ist und Anspruch darauf hat, daß ihm die Begabungen der anderen zugute kommen in einem wechselseitigen Austausch. Das zutreffende Symbol für Deine Vorstellung ist der runde Tisch. Ein Oben und ein Unten gibt es für Dich nicht. Auch ist Dir der Gedanke an eine Hierarchie nie gekommen, denn Du hast alles vom Geist Gottes und nicht von Ordnungsstrukturen erwartet.

Auch im modernen Europa spielt der Begriff »Begabung« eine große Rolle; das zeigen nicht zuletzt die Begabtenförderungswerke, die an vielen Orten eingerichtet worden sind. Allerdings meinen nicht wenige Europäer, was sie von Dir unterscheidet, sie hätten sich ihre spezifischen Begabungen selbst beschafft. Kaum jemand kennt dein Wort: »Was hast du, was du nicht empfangen hast?« (1 Kor 4,7). Dein Symbol – der runde Tisch – ist in der modernen europäischen Gesellschaft durch ein anderes Symbol, das der Pyramide, ersetzt worden. Staat, Wirtschaftssysteme, Gewerkschaften, Hochschulen und Kirchen sind im modernen Europa hierarchisch geordnet. Das ist wohl unvermeidlich, aber das System könnte gelegentlich durch eine Anwandlung geschwisterlichen Denkens kritisch hinterfragt werden. Du hast uns das vorgemacht, und so kommt mir der Stoßseufzer über die Lippen: Lieber Paulus, wir haben bei Dir noch viel zu lernen!

Zu Deiner Hinterlassenschaft zählt ganz gewiß auch der Toleranzgedanke, den Du im vierzehnten Kapitel Deines Römerbriefes entfaltet hast. Welch ein neuer Ton wird da laut mitten in der doch recht intoleranten antiken Gesellschaft: »Du aber, was richtest du deinen Bruder? Oder, du anderer, was verachtest du deinen Bruder? Es wird nun ein jeglicher für sich selbst Gott Rechenschaft geben« (Röm 14,10.12). Diejenigen, die Fleisch essen, sollen die Vegetarier in der Gemeinde zu Rom tolerieren, und die Vegetarier die Fleischverzehrer. Deine Toleranz, lieber Paulus, gründet sich im heilstiftenden Gott: »Nehmet einander an, gleichwie uns Christus angenommen hat zu Gottes Lob« (Röm 15,7).

Erwächst bei Dir die Toleranz aus dem Handeln Gottes, begründet der Europäer seine Verständnisbereitschaft mit seinem gutmütigen Wesen, das sich mit Skepsis verbunden hat. Die Frage des Pilatus »Was ist Wahrheit?« hat ganz Europa überzogen. Die Skepsis, meine ich, kann aber nicht leisten, was die Gottesgewißheit bewirken kann. Mich wundert es nicht, daß der Toleranzgedanke in unserem Europa immer wieder Schiffbruch erlitten hat und noch erleidet. Das Fundament, auf das sich der Europäer in erster Linie stützt, ist zu klein. Gewisse intolerante Akte wären Dir aus einem einfachen Grund nicht unterlaufen: Du wußtest, was Gottesfurcht ist.

Lieber Paulus, der Du der erste Europa-Missionar gewesen bist, hätte man doch besser auf Dich geachtet, das wäre der geistigen Gesundheit unseres Kontinents gut bekommen! Die mangelnde Aufmerksamkeit ist schuld, daß unter uns die Sucht nach ganz einfachen Fragen und Antworten ausgebrochen ist. Alles soll auf einen kurzen Nenner gebracht werden. Das wolltest Du nie; Du wußtest, daß man die Dinge differenziert sehen muß. Wie bist Du mit der großen philosophischen Modebewegung Deiner Zeit, der Stoa, umgegangen? Du hast sie weder generell in den Himmel gehoben noch verteufelt; Du hast unterschieden. Die Weisung der Stoa – »Ist es möglich, soviel an euch ist, so habt mit allen Menschen Frieden« – hast Du ganz unbefangen in Deinen Römerbrief aufgenommen (12,18). Anderes Gedankengut aus der

Stoa, z. B. das Ideal des unerschütterlichen Gleichmutes, hast Du verworfen, denn Du wußtest aus Deiner Bibel, daß nach Gottes Wille das Leben »schwingen« soll (Koh 3,1–8).

Verehrter Apostel, Deine Denkkraft war sehr ausgeprägt, und Dir würden die Haare zu Berge stehen, würdest Du die Pauschalurteile und Klischees zur Kenntnis nehmen müssen, die bei uns in Europa ihre Sumpfblüten treiben. Als scharfsinniger Jude und philosophisch gebildeter Mensch würdest Du uns fragen: »Wie denn, wird denn bei euch das differenzierende Denken nicht gelehrt?«

Ich bin in diesem Brief an Dich der Frage nachgegangen, welche Früchte Deine Lehrtätigkeit getragen hat. Immer wieder habe ich feststellen müssen: Europa hat, wenn Du gelehrt hast, nicht besonders gut aufgepaßt; die Aufmerksamkeit des Kontinents war mangelhaft. Wie gern hätte ich Dir anderes geschrieben und eine Erfolgsmeldung der anderen folgen lassen! Aber Du siehst: Was ich mitzuteilen habe, sind vorwiegend Defizite.

Ein Defizit, das ich für besonders verhängnisvoll halte, steht in einem Zusammenhang mit Deiner angeblich so schwierigen Rechtfertigungslehre. Ich halte sie nicht für schwierig, weil sie in ihrem Kern einfach ist: Das Empfangen geht allem sinnvollen Tun voran. Das Thema Deines Römerbriefes ist der schenkende Gott. Das ist keine unzulässige Vereinfachung, kein Klischee, sondern die Grundwahrheit, die sich bei einem Blick in die Tiefe erschließt.

Selbst den Christen in Europa gelingt der Blick in die Tiefe häufig nicht. Eine Umfrage zu dem Thema: »Was ist eigentlich das Evangelium?« würde zu einem katastrophalen Ergebnis führen. Es tut mir leid, Dir das sagen zu müssen.

Die Folgen sind verhängnisvoll: Viele Europäer haben den lebendigen Gott aus den Augen verloren, aber zum Glauben sind sie alle verurteilt, weil jeder Mensch ein Fundament braucht, auf dem er stehen kann. Das hast Du ja in Deinem Römerbrief auch ausgesprochen (1,21–23). Weithin ist im modernen Europa der Glaube an Gott durch das Vertrauen auf die eigene Kraft ersetzt worden. Wie gefährlich das ist, hat ein Professor der Medizin dargelegt (Horst Eberhard Richter, Der Gotteskomplex, 1979). Wenn der Mensch sich nicht mehr bei Gott bergen kann, ist sein Leben doch kein Leben mehr, oder er begibt sich auf den Weg zur totalen Gedankenlosigkeit. Das wäre ein Ausweg, der der menschlichen Würde völlig zuwiderläuft.

Aus meinem Brief, lieber Paulus, hast Du Wünsche und Sehnsüchte in gar nicht so kleiner Zahl herausgehört. Was wir Europäer kurz vor dem Ende des zweiten Jahrtausends brauchen, ist eine Paulus-Renaissance, die der des 16. Jahrhunderts ähnlich ist. Du bist dem Herrn der Geschichte viel näher als ich und kannst vielleicht ein gutes Wort für uns Defizitbeladene einlegen.

Als bedürftiger Europäer grüßt Dich in caritate Christi

Dein Hans-Georg Lubkoll

Ulrich Schoen

Anfang und Ende in Damaskus

Paulus und Ibn 'Arabî

Jesus gehört nicht allein den Christen. Auch die Muslime berufen sich auf ihn – und sie lieben ihn. Die Jesusliebe der Christen hat sich zahlenmäßig stärker durchgesetzt als die der Muslime: Es gibt doppelt so viele Christen wie Muslime – zwei Milliarden gegenüber einer Milliarde. Die Christen dürfen nicht vergessen, daß die eine Milliarde Muslime Jesus auch lieben. Sie sollen versuchen zu verstehen, wie die Muslime – diese anders Glaubenden – Jesus sehen.

Deshalb denkt dieser Beitrag daran, daß auch die Muslime sich für Paulus interessieren. Denn wenn für die Christen Paulus zum wichtigsten Jesus-Interpreten wurde, so ist für die Muslime Paulus der Hauptvertreter des *tahhrîf* – das heißt der *Entstellung* des Evangeliums, das Gott auf den Menschen Jesus herabgesandt hat.

Am 25. Januar, dem Tag der Bekehrung des Apostels Paulus, stieg ich hinunter in die Ananias-Kapelle in Damaskus. Andächtig las ich die Geschichte von Pauli Bekehrung [1]. Und ich dachte mir: Bekehrung ist Halbzeit des Lebens. Saulus, der Jesusfeind, wurde in Damaskus zu Paulus, dem Jesusfreund. Von hier aus zog er nach Westen, ins Abendland. Damaskus wurde so zum Ursprungsort des paulinisch-antiochenischen Christentums.

Am Tag darauf folgte ich den Stufen hinunter in einen anderen Gebets- und Gedächtnisraum. Er liegt in der Vorstadt Ssâlihhijje und enthält das Grab des Muhhiddîn Ibn 'Arabî (1165–1241). Ibn 'Arabî, dieser andere Jesusfreund, *war* Abendländer. Zur Halbzeit seines Lebens zog er nach Osten, ins Morgenland. Er verließ seine Heimat Andalusien, das Zentrum des abendländischen Islams, durchstreifte den Orient, lebte in Mekka und ließ sich schließlich in Damaskus nieder, um dort zu sterben – an dem Ort, an dem von gläubigen Muslimen die Rückkehr Jesu erwartet wird. »Muhhiddîn« wurde dieser Mystiker und Theologe genannt – das bedeutet »Beleber der Religion«. Er trägt auch den Titel *as-Schaich-ul-akbar* – größter Meister (*doctor maximus*). Ibn 'Arabî liebte Jesus ebenso wie Muhhammad – wenn nicht mehr. Er vereinte beide in seinem Denken. Als engagierter Muslim und Ratgeber islamischer Herrscher fand er sich aber auch konfrontiert mit den aus dem Westen kommenden Kreuzzügen und ihren Staatsgründungen inmitten der Herzlande des Islams.

Zwei Treppen war ich hinuntergestiegen. Ich gelangte zu unterschiedlichen Zeiten und Kulturen. Worte des Paulus und Worte des Muhhiddîn drangen hier und dort an mein Ohr. Die paar Worte, die ich verstand, trug ich von dem einen zum anderen Gedächtnisort. Und wurde so Zeuge des Gesprächs dieser beiden Jesusfreunde:

Muhhiddîn: Paulus, ich finde dich gut. In der entscheidenden Stunde des Endes trägst du die göttliche Botschaft bis an die Ränder der Erde. Darin bist du unserem 'Oqba ben Nâfi' ähnlich, von dem es heißt, er habe in den frühesten Stunden des Islams die Botschaft des verehrungswürdigen Qur'ân eiligst bis an den Atlantik getragen. Als die Vorderfüße seines Pferdes im Wasser standen, rief er aus: »Herr, ich habe meine Pflicht getan, ich habe deine Wahrheit bis ans Ende der Welt gebracht!« Und von dir, Paulus, höre ich sagen, du seist bis nach Spanien gelangt.

Paulus: Darin bin ich nicht der einzige von den Aposteln. Auch von Jakobus dem Älteren heißt es, er habe das Evangelium in Galizien gepredigt – wo er ja auch begraben sein soll. *Er* ist der »Sant Yago von Compostela«.

M: Besonders beeindruckt mich der Preisgesang der Liebe in deinem ersten Brief an die Korinther. Wenn du darin sagst *und hätte ich der Liebe nicht, so wäre ich nichts*, dann löst du das Problem der Einheit der Wirklichkeit – das mir besonders am Herzen liegt – in verblüffend einfacher Weise. Du bezeichnest die Nicht-Liebe als Nichts. Da aber die Liebe das Wesen allen Seins ist und das Konzentrat der Wirklichkeit, erkennst du damit das Böse als das Nicht-Seiende, als das Nichtige und Nicht-Wirkliche – als Irrtum und Wahn. Kein Wunder, daß die Katharer im Pyrenäenland dich ins Feld führen, wenn sie sich gegen die Katholiken und den französischen König verteidigen, die ihnen vorwerfen, sie seien schlimme Dualisten und Manichäer [2].

Bestimmt bist du ein Ekstatiker. Sonst hättest du keinen derartigen Durchblick in die Tiefen der Wirklichkeit. Nur in Verzückung und im ekstatischen Aufgehen in der göttlichen Liebe konntest du von der Liebe singen: *Sie duldet alles* (1 Kor 13,7).

P: Und du erst! Ohne Ekstase hättest du nicht diese berühmten Verse in *deinem* Preisgesang der Liebe – im *tardschumân al-'aschwâq* formulieren können:

Mein Herz ist einer jeden Form fähig geworden:
es ist Weide für die Gazellen und Kloster für der Christen Mönche,
es ist Götzentempel und der Pilger Ka'ba (in Mekka),
Tafeln der Thora und Buch des Qur'ân.
Ich folge der Religion der Liebe: Welchen Weg auch immer
die Kamele der Karawane der Liebe einschlagen,
ihr Weg ist meine Religion und mein Glaube [3].

M: In deinen Briefen finde ich etwas Eigenartiges, das mich sagen läßt: »Die geistliche Erfahrung des Paulus geht unserer komplexen Wirklichkeit auf den Grund.« Denn du machst mitunter ganz unbekümmert widersprüchliche Aussagen. Wenn du z. B. sagst: *Erarbeitet euer Heil* und gleich darauf: *Gott schafft in euch das Wollen und das Tun* (Phil 2,12+13), dann betonst du zuerst die Freiheit des Menschen und dann sein Determiniertsein. Du scheinst dich nicht im geringsten an diesem Widerspruch zu stören. Du beschreibst ganz einfach zwei Erfahrungen, die du gemacht hast. Sollen sich doch die vertrockneten Logiker und Scholastiker mit dieser Unlogik herumschlagen! Im verehrungswürdigen Qur'ân gibt es ganz ähnliche Widerspruchspaare. Und unsere muslimischen Scholastiker haben darüber gestritten und sich zerkriegt [4].

P: Ganz wie bei uns Pelagius und Augustinus, Erasmus und Luther.

M: Du warst und bist immer noch ein erfolgreicher Missionar. Mein Freund Lamin aus Gambia hat deinen Brief an die Römer gelesen. Quer durch die Jahrhunderte trafst du sein Herz – und er trat vom Islam zum Christentum über. Lamin ist fest davon überzeugt, daß du diesen Brief eigens für ihn geschrieben hast.

P: Und du bist ein Guru, der fasziniert: Kürzlich wurde mir von einer Algerierin mit dem Namen Nu'mâ berichtet. Sie war nahe daran zu erkennen, daß mit der Auferstehung Jesu das Ende dieser unserer Welt gekommen ist. Sie spürte die Macht des Bösen, welche besonders groß wird, wenn das Ende nahe ist. Und sie verstand, daß ihr mit dem Kreuz Jesu das Heil angeboten war – und die Möglichkeit der Wiedergeburt. Da traf sie Moqdâd – einen deiner zahlreichen Jünger und Verehrer –, der gab ihr ein Exemplar deiner *fussûss-ul-hhikam* [5]. Nu'mâ verschlang dein berühmtes kleines Buch und kam zu der Überzeugung, daß sie sehr wohl Jesus lieben und dabei Muslima bleiben könne – so wie du Jesus liebst und dabei Muslim bist. Da schlug sie das ihr angebotene Heil aus und blieb Muslima. Die Botschaft vom gekreuzigten Jesus wurde auch für sie zum nicht akzeptierbaren Skandal. In 1 Kor 1,23 habe ich dies im Blick auf die Juden formuliert. Daran ist jetzt auch diese algerische Muslima gescheitert.

M: Nur nicht so stürmisch und evangelikal, lieber Freund. Werde nicht zum Fundamentalisten deiner selbst! Zunächst zu deinem ersten Punkt: Du weißt, daß die Juden felsenfest an die allgemeine Auferstehung der Toten glauben. Und du wirst erfahren haben, daß wir Muslime ebenso felsenfest daran glauben. Deshalb sehen wir uns aber nicht gezwungen zu glauben, daß Jesus (Friede sei über ihm) als erster von uns Menschen bereits auferstanden sei. Auch brauchen wir Muslime und Juden die Auferstehung Jesu nicht, um an die allgemeine Auferstehung glauben zu können. Deine Argumentation in 1 Kor 15 betrifft uns nicht. Und was die unmittelbare Nähe des Weltendes anbelangt (mit dem Weltende ist ja die allgemeine Auferstehung verbunden): An diesem Punkt hast du dich getäuscht.

P: Hier muß ich dir recht geben. Es stimmt: Die Verzögerung der Rückkehr des Auferstandenen wurde für uns Christen zu einem schweren Problem. »Der Skandal des Kreuzes« aber übersteht die Jahrhunderte. Er ist und bleibt eine echte Herausforderung.

M: Wir Muslime kennen *auch* die enttäuschte Naherwartung. Insbesondere wenn – jeweils zu Beginn eines neuen islamischen Mondjahrhunderts – es sich wieder einmal herausstellte, daß ein aufgetretener und begeistert akklamierter *Mahdi* nicht der Erwartete war, *der da kommen soll*. Wir Muslime sind jedoch weniger anfällig für diese Enttäuschung.

Denn einerseits verquicken wir nicht die allgemeine Auferstehung mit einer Auferstehung Jesu (Friede sei über ihm). Unserem Glauben zufolge ist Jesus entrückt, so wie Elia entrückt ist. Er wird zum Weltende zurückkommen und als Zeuge der Wahrheit auftreten. Dann wird er sterben und mit allen übrigen Menschen auferstehen.

Andererseits sehen wir den Akt der endzeitlichen Neuschöpfung in Jesu Leben antizipiert: Jesus wird zunächst im Leib einer Jungfrau neu geschaffen, so wie zu Beginn der anderen Welt die Menschen aus dem Staub ihrer Gräber neu erschaffen werden (Qur'ân 3,45+47 und 50,15). Dann aber formt Jesus – wie Gott der Schöpfer selber es tut – aus Ton und Wasser ein *Vogelgebilde, haucht in dieses hinein – und es wird ein Vogel* (Qur'ân 3,49).

Also: Unsere Spiritualität konzentriert sich mehr auf das, was ihr Christen »Verklärung« nennt – Verklärung *dieser Welt* mit allen gesellschaftlichen Implikationen. Unsere Frömmigkeit ist weniger fixiert auf das Kommen der *anderen Welt* am Ende der Zeit.

Hinsichtlich deiner folgenden Punkte »Sünde«, »Kreuz«

und »Wiedergeburt« möchte ich dich nur daran erinnern, daß auch wir die Sünde kennen und wissen, daß sie größer wird mit dem kommenden Ende. Auch wir erleben die entfesselten Dämonen in endzeitlichen Stunden. Und, bitte, glaube es mir: Auch für uns ist Gott »der Barmherzige« und »der Vergeber der Sünden«. Daß Gott jedoch des blutigen Opfers seines Sohnes bedarf, um die »Pfeile seines Zornes« zerbrechen zu können, diesen Gedanken lehnen wir entschieden ab. Darin sind wir übrigens mit den Juden völlig einer Meinung. Seit Gott Abraham daran hinderte, seinen Sohn zu opfern, sollte die Menschheit gelernt haben, daß Gott ein solches Opfer verschmäht.

In höchster apokalyptischer Eile hast du die Botschaft von der Barmherzigkeit Gottes bis an die Enden der Erde getragen. Dadurch hast du diese Botschaft globalisiert – das heißt weltweit gemacht. Gut so!

Aber du hast das Evangelium Jesu eigenwillig interpretiert. *Dafür* muß ich dich tadeln! Du hast die Beschneidung der Gläubigen abgeschafft. So hast du die christliche Kirche von ihrem semitischen Erbe abgeschnitten – und damit auch von uns, den Muslimen. Und du hast zugelassen, daß deine Interpretation Jesu zu einem globalen – fast hätte ich gesagt: zu einem »totalitären« – System werden konnte.

P: Ihr Muslime seid eifersüchtig auf uns Christen, weil wir mehr Erfolg haben. Wir haben bisher zwei Sechstel der Menschheit bekehrt, und ihr nur ein Sechstel. Und du, lieber Freund Muhhiddîn, du bist eifersüchtig auf mich, weil meine Jesus-Interpretation besser durchschlug als die deinige.

Außerdem tätest du besser daran, nicht mit Steinen zu werfen, solange du selber im Glashaus sitzt. Denn der Islam tut nichts anderes, als was die Christen tun – und was auch ich tue: Wir liefern eine Neuauflage von Jesus. Wir realisieren Jesus-heute im Nachvollzug des Jesus-von-gestern.

Und schließlich, werter Kollege Muhhiddîn, auch du richtest ein System auf. Und Jesus mit seinem Evangelium weist du einen Platz an in deinem System – und zwar neben *anderen* »Fassungen der Weisheiten«. Bei mir ist Jesus Christus die *einzige* Fassung der *einen* göttlichen Weisheit!

M: Ich lasse mir deinen letzten Vorwurf gefallen – mache aus ihm aber zwei Ehrentitel. Denn erstens ist Gott unausschöpflich wie der Ozean. Und zweitens gehe ich bei meinem systematischen Jesus-Denken auf das Evangelium zurück, das der *Mensch* Jesus selber gepredigt hat, solange er *auf Erden* war. Während du stolz erklärst, dich für den irdischen Jesus nicht zu interessieren. Dir kommt es nur auf den heißen Draht an, den du zu dem erhöhten Herrn Jesus hast. Auf diese Weise verschaffst du den »Herrenworten«, die du in deinen Verzückungen hörst, Autorität. Manche meinen sogar, du hättest diese mehr oder weniger frei erfunden. Und sie werfen dir vor, du würdest so deine Machtergreifung im Kreise der Jesus-Interpreten legitimieren. So etwa wie Lenin das Management des Marxschen Erbes übernommen hat [6]. Ich dagegen will nicht bestreiten, daß du Worte des Erhöhten gehört hast. Du bist für mich kein falscher, sondern ein echter Enthusiast – ein »echter Schwärmer«.

P: Vielen Dank, daß du mich gegen meine Widersacher verteidigst.

M: Ich bin allerdings der Meinung, daß Schwärmer, selbst wenn sie echte Schwärmer sind, nicht in den Kanon der Heiligen Schrift gehören. Sie gehören zur Tradition. Es besteht, wie du weißt, ein deutlicher Unterschied zwischen dem geoffenbarten *Text der Schrift* (*nass* nennen wir Muslime diesen Text) und der Tradition, die die Schrift interpretiert (*sunna* nennen wir diese Tradition). Also bitte, gewähre jeder Sache den Stellenwert, der ihr gebührt. Wehre dich, wenn deine Episteln auf das gleiche Niveau erhoben werden wie das Evangelium: Der Kopf des Kometen gilt mehr als sein Schweif!

P: Es liegt mir fern, dies tun zu wollen. Jesus gegenüber bin ich nur ein Zwerg. *Das* Evangel*ium* liegt jedoch nicht vor. Es gibt davon mehrere Fassungen. Und als Schreiber meiner Episteln bin ich den Verfassern *der* Evangeli*en* allemal ebenbürtig.

M: Deshalb gehört ihr allesamt, Evangelisten und Epistelschreiber, in die Kategorie *Tradition* und nicht in den Kanon der Heiligen Schrift. Wenn ihr *das* Evangel*ium* verloren habt, dann müßt ihr eben zugeben, daß der Kanon der Heiligen *Schrift* eures Neuen Testaments leer ist.

P: Ich will mich einmal auf deine Argumentation einlassen. Dann mußt du aber zugeben, daß die Jesus-Interpretation, die der Koran liefert, auch *nur eine* der vielen Fassung*en* des Evangeliums ist. Wir christlichen Theologen müssen sogar sagen: eine *apokryphe* Fassung.

M: Nein und nochmal nein! Denn der verehrungswürdige Qur'ân gehört nicht zur Traditions-Literatur, in welcher Jesus-Interpreten und Sammler von Jesus-Logien ihre Ergebnisse veröffentlichen. Der Qur'ân ist *Schrift*, ist Herabsendung *(tanzîl)*, ist Offenbarung. Eine neue und endgültige Offenbarung ist der Qur'ân – nach der Herabsendung der Thora und des Evangeliums. Dennoch sagt der Qur'ân im wesentlichen dasselbe wie seine Vorläufer. Deshalb sind die Qur'ânverse, die Jesu Worte und Taten wiedergeben, echte Jesus*worte* und echte Jesus*taten*. Sie füllen die Leerstelle im Kanon des Neuen Testaments, von der ich vorhin sprach. Sie bringen im Klartext, was eure Exegeten à la Goguel, Jeremias, Schür- und Käsemann mühsam ermitteln [7].

P: Hier kann und will ich dir nicht folgen. Ich möchte dir nur zwei Dinge zu bedenken geben:

Erstens: Ich wollte kein System schaffen. Ich hatte es viel zu eilig. In der Hitze der eschatologischen Explosion, von der ich mitgerissen wurde, mußte ich in Blitzeseile die Botschaft des Kreuzes bis ans Ende der Welt tragen – so wie der Blitz den Horizont ringsum erhellt. Ich hatte keine Zeit, etwas anderes zu denken.

Zweitens: Als ich älter wurde, als der große Missionserfolg ausblieb (besonders unter den Juden), und als auch das Weltende auf sich warten ließ, da begann ich darüber nachzusinnen, ob neben einer neuen Offenbarung eine alte Offenbarung weiter gültig sein könne. In Röm 9–11 findest du einen Niederschlag dieses Nachdenkens [8].

M: Aus Liebe zu Mose erkanntest *du*, daß die Thora weiter gültig ist neben dem Evangelium. Aus Liebe zu Jesus erkannte *ich*, daß das Evangelium weiter gültig ist neben dem Qur'ân. Wir haben also beide – aufgrund einer unaufgebbaren Liebe – eingesehen, daß es nicht gut ist, wenn Glaubende sich dermaßen auf *einen* Heilsweg festlegen, daß sie sich verpflichtet fühlen, dem *anderen* Heilsweg seine Gültigkeit abzusprechen.

P: Willst du etwa damit sagen, die Christen sollten meine Überlegungen in Röm 9–11 durch die deinigen erweitern und so zur Vorstellung von einem dreifachen Heilsweg gelangen – Thora *und* Evangelium *und* Koran?

M: Genau das möchte ich sagen! Denn mindestens drei Kometen kommen von der großen Wolke draußen und erscheinen wegweisend der Erde. Manche unserer Sufis rechnen zu den »Kometen« auch den Buddha, denn – meinen sie – der Feigenbaum, von dem Sure 95 spricht, sei der Feigenbaum, unter dem Buddha zum Erleuchteten wurde.

P: Solche Spekulationen liegen mir fern.

M: Nicht Spekulation, sondern Vision! In der Ekstase lösen sich die um der Ruhe und Ordnung willen nötigen Rangordnungen auf. Erschaut aber wird die Gleichberechtigung aller Geschöpfe. Hattest du nicht auch so etwas gespürt, als du deinen Lobgesang der Liebe schriebst? Du hast doch auch einen festen Sitz in der mystischen Implosion! Das Hinausgetragenwerden in der apokalyptischen Explosion ist nicht deine einzige Erfahrung.

P: Du redest wie Albert Schweitzer, der mich einen Mystiker nennt [9]!

M: Ja, du hast Saiten auf deiner Geige, die den meinigen ähneln. Aber die *Musik*, die du spielst, ist anders als meine Musik:

Bei *mir* kristallisieren sich die verschiedenen göttlichen Weisheiten wie diverse Edelsteine aus dem *einen* göttlichen Magma. Auf metallenen Ringen sind diese Edelsteine von unterschiedlichen Fassungen eingefaßt – wobei das Wort »Fassungen« als Gleichnis für »die Gesandten Gottes« steht.

Bei *dir* dagegen beugen sich *alle* Knie im Namen *eines* Erhöhten – im Namen eines erhöhten *Menschen*.

Ist das nicht die Tyrannei *eines* Archetyps über alle anderen Archetypen? – »die Tyrannei des einen Ringes« würde Lessings Nathan der Weise sagen.

Ist das nicht Idolatrie? – denn vor Gott allein soll das Knie gebeugt werden.

Bei *mir* haben das Gesetz und die Liebe je ihren besonderen Platz: Das Gesetz wurde zuerst durch Mose gebracht. Zum Abschluß aber ist es gelangt durch Muhhammad. Die Liebe ist der von Jesus eingefaßte Edelstein. Sie kommt nicht zum Abschluß – sie *höret nimmer auf*, wie du in 1 Kor 13,8 sagst.

Du dagegen läßt das Gesetz aufgehoben sein. Du machst aber die Freiheit vom Gesetz zu einem System – zu einem neuen Gesetz. Den gesetzlosen Heidenchristen lieferst du damit den Vorwand, die Macht in der Kirche zu ergreifen – *gegen* die Judenchristen (beinahe hätte ich gesagt: gegen uns Muslime).

Und das von Damaskus aus, der Oase, in der sich alles vereint!

P (stöhnt): Muhhiddîn, du schießt daneben. Laß dir von Luther erklären, welche Rolle bei mir das Gesetz spielt!

M: Zwei schlimme Folgen hat dein Christusmonopol-Denken:

Erstens löscht es die Buntheit aus. Nur *eine* Farbe darf sich auf Erden durchsetzen – was sie auch tut, und zwar mit Gewalt.

Zweitens rechtfertigt es die Männerherrschaft. Dein einziger Archetyp, der allein die Herrlichkeit Gottes widerspiegelt, ist nämlich ein Mann – der Mann Jesus Christus. Und auf Erden, sagst du, sei es der Mann – und nicht die Frau –, der diese Herr–lichkeit weiterleite: *der Mann ist Gottes Bild und Abglanz, die Frau aber ist des Mannes Abglanz* (1 Kor 11,7).

P: Du zitierst nur *eine* Textpassage. An anderen Stellen trete ich für die Rechte der Frau ein. Feministische Exegetinnen und Exegeten tun heute ihr Bestes, um das Christentum in seinem patriarchalischen Umfeld zu sehen, die Bibel mit den Augen der Frauen zu lesen und diese Texte so neu zu verstehen.

M: Bei mir dagegen kommt von Anfang an der Frau und ihrer Schönheit ein Ehrenplatz zu unter den Weisheiten, die die Herrlichkeit Gottes widerspiegeln. Die Frauenliebe und die Gottesliebe hängen bei mir zusammen.

P: Dennoch herrschen auch bei euch im Islam die Männer!

M: Ich aber liefere hierfür keine theoretische und theologische Grundlage. Du dagegen legitimierst männliche Überlegenheit.

P: Ein Hauptunterschied zwischen uns beiden scheint im Offenbarungsverständnis zu liegen: Während bei euch Muslimen – und besonders bei dir – eine ganze Reihe von Weisheit*en* auf eine ganze Reihe von Prophet*en* jeweils ganz persönlich herabgesandt werden, offenbart sich bei uns Christen die Fülle der *einen* Weisheit in dem *einen* Jesus Christus, welcher jedoch – und das ist typisch für uns Christen – von einem ganzen Team von Jüngern umgeben ist, deren Schriften den Kanon des Neuen Testaments ausmachen. Daher deine Vorwürfe. Du meinst nämlich, nur die von Jesus *selbst* gesprochenen Worte hätten das Recht, im Kanon der Heiligen Schrift zu erscheinen.

M: Genau. Im verehrungswürdigen Qur'ân sind ja auch nur *die* Worte zu finden, die Muhhammad (Gott bete über ihm und führe ihn zum Heil) *höchstpersönlich* im Zustand des Offenbarungsempfanges von sich gegeben hat.

Wir kommen damit zu einem Ergebnis, das dich vielleicht in Erstaunen versetzt – wenn ich sage, daß der islamische Fundamentalismus sinnvoll, der christliche dagegen gefährlich ist:

Wenn die Glaubenden sich auf das Fundament beziehen – was für sie lebensnotwendig ist, auch wenn sie diese Beziehung zum Grund auf verschiedene Art und Weise wahrnehmen –, dann beziehen sich die Muslime auf die Worte des von Gott Gesandten.

Die Christen jedoch beziehen sich auf ein Kollektiv von Leuten, die nicht persönlich die Offenbarung empfangen haben, sondern sich nur von dieser herleiten. Die Christen behandeln dabei die Worte dieser Leute, wie wenn sie Offenbarungen wären.

Du siehst die Gefahr, von der ich rede. Sie ist zweifach:
1. Menschliches wird wie Göttliches behandelt,
2. das Recht eines Kollektivs tritt an die Stelle des Rechts der einzelnen menschlichen Person.

Was dabei unter den Tisch fällt, ist vor allem das Recht des Individuums Jesus – Jesu ganz persönliche Lehre, besonders seine Ethik. Wir Muslime hören auf die Ethik der Liebe, die Jesus vertreten hat [10]. Du aber redest dogmatisch *von* Jesus und *über* Jesus. Und du übernimmst die Macht im Hause Jesu.

P: Ich kann dir nur versichern: das habe ich nie gewollt. Das Prinzip *sola scriptura*, das alle Schriften des Kanons über einen Kamm schert, stammt nicht von mir. Ich setze das Jesuswort haushoch über das Pauluswort. Ich bin nicht der Großinquisitor von Dostojewski, der sich von Jesus nicht stören lassen will und ihn deshalb wegschickt.

M: Lieber Paulus, verzeihe mir, wenn ich hier und da apologetisch und polemisch wurde. Ich befürchte, daß die meisten der Wortfetzen, die unser beflissener Freund hin und her getragen hat, aneinander vorbeigegangen sind – und sich nicht getroffen haben.

Auch sind bei einem solchen Damaskus-Gespräch unsere Situationen zu verschieden:

Du hast hier angefangen. Du bist von hier ausgezogen im jugendlichen Eifer deiner frischen Bekehrung. In Richtung Westen bist du gezogen. Nach Konstantinopel und Moskau, nach Rom und Spanien, nach Wittenberg und Genf, Westminster und Washington.

Ich bin hierhergekommen, um mein Leben zu beenden. Ich bin vom Okzident in den Orient gezogen. Nicht mit Gewalt, wie die Kreuzfahrer. Und auch nicht als Missionar. Eher wie die Karäer, jene »um Zion Trauernden«, die zum Ursprungsort zogen, um dort über den Trümmern des Tempels zu weinen [11].

Ich bin heimgekommen.
Ich erwarte hier das Ende.
Mein persönliches Ende und das Ende der Welt.

Während ich warte, folge ich den Spuren des Heils, die rund um diese Oasen-Stadt zu finden sind:

Am Abhang des Berges Qassyûn – wenig oberhalb von meinem Grab – finde ich die Stelle, an der Abel sich erschlagen ließ und so die gewaltlose Liebe Jesu im voraus realisierte (Q 5,28).

Ein Stückchen weiter erreiche ich den Ort, von dem es heißt, Abraham sei dort geboren.

Ich statte dem Haupt Johannes des Täufers in der Omayyaden-Moschee einen Besuch ab, und anschließend gehe ich zum Haus des Judas in der geraden Straße, in dem Ananias dir die Hände aufgelegt hat – und du wieder sehend wurdest.

Auch dem Haupt des Märtyrers Hhussayin widme ich ein Gedenken.

Ein Dankgebet sage ich am Grabe des Ssalâhh-ud-Dîn (Saladin), der uns die ersten Siege über die Kreuzfahrer errungen hat.

Sie alle sind hier versammelt, und noch viele mehr.
Fern oder nah, draußen oder drinnen:
jedesmal wenn ein Ereignis sie erschüttert –
ein schmerzliches oder ein freudiges –
spüre ich ihre Bewegung in meinem Inneren.

So endete das Gespräch der beiden.

Ich aber ging in den Hof der Omayyaden-Moschee und blickte hinauf in den Himmel hinter dem Minarett, von dem gesagt wird, von dorther werde Jesus zurückkommen.

Es fielen mir die Verse des Qur'ân ein, in denen es heißt, daß Jesus am Tag der Auferstehung Zeuge ist (4,159) und daß Gott uns dann über das aufklären werde, worin wir uns uneins waren (5,48).

Anmerkungen und Literaturhinweise

[1] Ananias und Bekehrung des Paulus: Apostelgeschichte 9,10 ff.

[2] René *Nelli*: La philosophie du catharisme, Payot, Paris 1975. (Die Katharer – eine manichäisch-christliche Bewegung – zitieren 1. Kor. 13,2: S. 139.)

[3] *Ibn 'Arabî*: The Tarjumân al-Ashwâq. A Collection of Mystical Odes. Übers. von R.A. Nicholson. London 1911.

[4] Ulrich *Schoen*: Determination und Freiheit im arabischen Denken heute. V. & R., Göttingen 1976. (S. 122 und 168 f: Widerspruchspaare in Qur'ân und Bibel.)

[5] Muhyi-d-dîn *Ibn 'Arabî*: La Sagesse des Prophètes (fussûss-ul-hhikam – wörtlich: die Fassungen der Weisheiten). Übers. von Titus Burckhardt. Albin Michel, Paris, 1974.

[6] Siehe hierzu: Dieter *Hildebrandt*: Saulus/Paulus. Ein Doppelleben. Hanser, München 1989. (Bes. S. 173 f: »herrenloses Herrenwort«.)

[7] Maurice Goguel, Joachim Jeremias, Heinz Schürmann, Ernst Käsemann: christliche Exegeten, deren Anliegen es ist, auf die von Jesus selbst gesprochenen Worte zurückzugehen.

[8] Etienne *Trocmé*: Comment Dieu (...) peut-il être à la fois fidèle et libre? in: Foi et Vie (Paris), Vol. 89, 1990: S. 7–10.

[9] Albert *Schweitzer*: Die Mystik des Apostels Paulus, 1930 (1954²).

[10] Siehe hierzu: Isma'il Ragi A. *al-Fârûqî*: A comparison of the Islamic and Christian approaches to Hebrew scripture. In: The Journal of Bible and Religion, Vol. 31, 1963: S. 366–388.

[11] Simon *Szyszman*: Le Karaïsme. l'Age d'Homme, Lausanne 1980.

Die Autoren und der Herausgeber

REINHOLD BERNHARDT, Dr. theol., *1957, Studienleiter am Ökumenischen Institut und Studentenwohnheim der Universität Heidelberg. Arbeitet an einem Habilitationsprojekt zur Gotteslehre. Mehrere Veröffentlichungen zu den Themen: Absolutheitsanspruch des Christentums, Theologie der Religionen.

GEORG DENZLER, Prof. Dr. theol., *1930, 1955 Priesterweihe, 1962 Promotion, 1967 Habilitation im Fach Kirchengeschichte an der Universität München. Seit 1971 o. Professor für Kirchengeschichte an der Universität Bamberg. 1973 Heirat. Er ist Herausgeber der internationalen Schriftenreihe »Päpste und Papsttum« (bisher 26 Bände). Zahlreiche Veröffentlichungen, zuletzt »Die Geschichte des Zölibats« (1993).

KARLHEINZ DESCHNER, Dr. phil., *1924, Schriftsteller. Seit 1958 veröffentlicht er seine entlarvenden und provozierenden Geschichtswerke zur Religions- und Kirchenkritik. 1988 wurde er mit dem Arno-Schmidt-Preis ausgezeichnet. Augenblicklich schreibt er u. a. weiter an seiner zehnbändigen »Kriminalgeschichte des Christentums«. Lebt in Haßfurt am Main.

WEDDIG FRICKE, Dr. jur., *1930, studierte Rechtswissenschaften in Deutschland, der Schweiz und den USA. 1958 Promotion, seit 1960 selbständiger Rechtsanwalt in Freiburg i. Br., mehrere Fachpublikationen, veröffentlichte 1987 den in viele Sprachen übersetzten Bestseller »Standrechtlich gekreuzigt« zu Person und Prozeß Jesu.

HORST HERRMANN, Prof. Dr. theol., *1940, 1964 Priesterweihe, 1968 Promotion, 1970 Habilitation, o. Professor für Kirchenrecht in Münster, 1975 Entzug der kirchl. Lehrerlaubnis (1. Fall in der BRD), 1976 (bisher einziges bundesdeutsches) Lehrbeanstandungsverfahren, 1977 auf Vorschlag von Heinrich Böll Mitglied des PEN, seit 1981 o. Professor für Soziologie an der Universität Münster, Heirat, Kirchenaustritt. Zahlreiche Bücher, Veröffentlichungen und Vorträge.

DIETER HILDEBRANDT, Dr. phil., *1932, lebt als freier Schriftsteller in Berlin. Zahlreiche Veröffentlichungen, Romane und Sachbücher, neben einer Lessing-Biographie (1979) schrieb er zuletzt sein 1989 erschienenes Buch »SAULUS/PAULUS. Ein Doppelleben«.

JÜRGEN JEZIOROWSKI, *1936, Theologiestudium in Deutschland und der Schweiz, beide theol. Examen in der Landeskirche in Bayern, dort auch Gemeindedienst bis 1967. Anschließend bis 1969 in Stuttgart Pressestelle der ESG in der BRD, dann als Pfarrer beurlaubt für das Kirchenamt der Vereinigten Evang.-Luth. Kirche Deutschlands (VELKD) in Hannover. Dort seit 1973 Oberkirchenrat, verantwortlich für die Pressestelle. Zahlreiche Publikationen für Kinder- und Jugendfragen sowie im Bereich Theologie und Kirche, zuletzt: »Gespräche über die Angst« (zus. m. Eugen Drewermann, ^{4}1993); »Eugen Drewermann – der Streit um den Glauben geht weiter« (1992).

SUSANNE KRAHE, *1959, nach dem Studium der evangelischen Theologie in Münster 1985 1. theol. Examen, danach wiss. Hilfskraft und Doktorandin am Alttestamentlichen Seminar der Universität Münster. 1989 Erblindung, seither freie Schriftstellerin in Unna. Derzeitiges Arbeitsgebiet: narrative/literarische Exegese in Theorie und Praxis. Mehrere literarische Veröffentlichungen (Lyrik und Kurzprosa), zuletzt »DAS RISKIERTE ICH. Paulus aus Tarsus. Ein biographischer Roman« (1991).

PINCHAS LAPIDE, Dr. phil., *1922, jüdischer Theologe und Religionswissenschaftler; Gastprofessuren an theologischen Fakultäten in Deutschland, der Schweiz und in den USA. Er lebt als freier Schriftsteller in Frankfurt am Main. Zahlreiche Bücher zu Problemen des Neuen Testaments und zum jüdisch-christlichen Dialog, zuletzt »Paulus zwischen Damaskus und Qumram« (1993).

HANS-GEORG LUBKOLL, *1926, nach dem Studium der Theologie und Philosophie 1971–1990 Gemeindepfarrer an der Matthäus-Kirche in München. Verfasser einer Reihe von Büchern, Rundfunkprediger und Schriftleiter der »Pastoralblätter«.

PETER MERTZ, Dr. phil., *1934, bis 1980 Dramaturg an verschiedenen Theaterhäusern, seit 1981 Redakteur des ORF-Fernsehens in Wien, Schriftsteller und Mitglied des PEN in London, mehrere Bücher, zuletzt »Das gerettete Theater« (1990).

RUDOLF MEYENDORF, Prof. Dr. med., hat evangelische Theologie und Medizin studiert. Seit 1982 ist er o. Professor für Allgemeine Psychopathologie an der Universität München. Im Zusammenhang mit dieser Arbeit ist er auch als Nervenarzt an der Universitäts-Nervenklinik tätig. Der Schwerpunkt seiner ärztlichen und wissenschaftlichen Tätigkeit liegt in der Erforschung und Therapie der Depressionen und Angsterkrankungen. Schwerpunkt der Therapie ist die Behandlung mit Antidepressiva.

RAUL NIEMANN, *1950, nach dem Studium der Philosophie, Germanistik und Theologie Ausbildung und Tätigkeit als Gymnasiallehrer in Göttingen, Hamburg und Bremen; wiss. Mitarbeiter an der theol. Fakultät der Universität Hamburg, freier Journalist bei Rundfunk und Fernsehen (NDR Hamburg), 1986–1992 Verlagslektor bei Bertelsmann in Gütersloh und 1993 im Kreuz Verlag in Stuttgart; Herausgeber von und Autor in zahlreichen Veröffentlichungen. Er arbeitet als freier Lektor und leitet eine Literaturagentur. Lebt in Gütersloh und Bremen.

KLAUS REBLIN, Dr. theol., *1932, Studium der Ev. Theologie in Göttingen, Heidelberg und in Harvard/USA, 1960 Pastor in Aurich, 1963 Studienleiter an der Evangelischen Akademie in Bad Boll, seit 1970 Hauptpastor in Hamburg. Zwischenzeitlich Generalsekretär des Deutschen Evangelischen Kirchentages. 1987 Promotion über Franz von Assisi.

ULRICH SCHOEN, Prof. Dr. theol., Dr. se. agr., *1926, hat sich in Göttingen über Tonminerale in den marokkanischen Böden und in Mainz über die theologischen Implikationen des religiösen Pluralismus habilitiert. Lebte in Marokko, Algerien, Libanon und Frankreich, war dann in Genf am Weltkirchenrat in der Abteilung für interreligiöse Beziehungen tätig und lebt heute in Marl im Ruhrgebiet. Sein Ideal: der kleine und unscheinbare See Stechlin in der Mark Brandenburg, so wie ihn Theodor Fontane beschreibt: Wenn sich irgendwo in der Welt etwas Schönes oder etwas Schmerzliches ereignet, gerät sein Wasser in Bewegung.

LUCIE STAPENHORST, *1932, 1950 Abitur, dann nach der Anwaltslehre in einer Bank gearbeitet, in einem Wirtschaftsunternehmen, im elterlichen Betrieb und in Schottland. Dann 20 Jahre lang »mit Leib und Seele« (und ohne Bezahlung!) Familienfrau, vier Kinder geboren, Fernstudium Katholische Theologie, ab 1980 Religionslehrerin in Norden/Ostfriesland mit jahrelangem Kirchenkampf, 1987 Kirchenaustritt. Heutige Arbeitsschwerpunkte: Feministische Theologie und Frauenpolitik, u. a. Radiosendungen, regelmäßige Vorträge an versch. Volkshochschulen, Publikationen in div. Zeitschriften. Letzte Veröffentlichung: »Entschuldige Paulus, jetzt rede ich! Frauenproteste gegen die Männerkirche« (1990/1993).

Quellenhinweise

Georg Denzler, Paulus forderte kein Zölibat. In: Ders., Die Geschichte des Zölibats. Spektrum 4146. Verlag Herder, Freiburg-Basel-Wien 1993, S. 21 – 23.

Karlheinz Deschner, Sechs gefälschte »Paulusbriefe« stehen im Neuen Testament. In: Ders., Kriminalgeschichte des Christentums. Dritter Band: Die Alte Kirche. Fälschung, Verdummung, Ausbeutung, Vernichtung. Rowohlt Verlag GmbH, Reinbek bei Hamburg 1990, S. 99–103. (Aus konzeptionellen Gründen wurde auf die Fußnoten verzichtet; verwiesen sei an dieser Stelle auf den Originaltext.)

Dieter Hildebrandt, Vom Saulus zum Paulus. In: Ders., SAULUS/PAULUS. Ein Doppelleben. Carl Hanser Verlag, München/Wien 1989, S. 11–18.

Pinchas Lapide, An Paulus von Tarsus. Ein Brief. In: Ders., Paulus zwischen Damaskus und Qumram. GTB 1425. Gütersloher Verlagshaus Gerd Mohn, Gütersloh 1993, S. 7–16.

Lucie Stapenhorst, Bruder Paulus. Dröhnendes Erz und lärmende Pauke. In: Dies., Entschuldige Paulus, jetzt rede ich! Frauenprotest gegen die Männerkirche. Walter Verlag AG, Olten 1990, S. 45–54.